USA SÜDSTAATEN

»Wenn man die Vergangenheit
und ihre Last nicht akzeptieren kann,
gibt es keine Zukunft, denn ohne das eine
ist das andere nicht möglich.«

(Robert Penn Warren)

USA SÜDSTAATEN

Bilder vom
Fotografenteam der
Agentur LOOK
Texte von
Marc Valance

INHALT

Titelseite:
Die Nottoway Plantation in Louisiana.

Rücktitel:
Brücke über den Cooper River bei Charleston, South Carolina.

Seite 1:
Selbst auf den Nummernschildern der Autos wird Nationalbewußtsein demonstriert.

Seite 2/3:
Frühling – der Oleander blüht im Park des Houmas House, Louisiana. Als Vorbild für Villen und Parkanlagen dienten den Pflanzern im Süden die europäische Architektur und Kunst.

Die Evergreen Plantation in Edgard, Louisiana. Die Pflanzervilla stammt aus dem Jahr 1840.

Verstrickt in die Vergangenheit
Was den amerikanischen Süden zusammenhält, ist seine Geschichte. An vielen Fahnenmasten flattert auch heute noch die alte Rebellenflagge.
Seite 18: Special »Der Mississippi«

Schaufelraddampfer befahren den Mississippi von New Orleans bis St. Louis wie zu Mark Twain´s Zeiten.

Louisiana ist anders.
New Orleans ist wie keine andere amerikanische Stadt - die Musik, die Küche, die Sprache mischen sich zum französisch-kreolischen Lebensgefühl heiterer Gelassenheit.
Seite 44: Special »Jazz«

Auf den Wällen von Vicksburg. Der Fall der Stadt am Mississippi leitete die Wende im Bürgerkrieg ein.

Beidseits des Ole Man River - Mississippi und Arkansas
Alterhaltene Herrenhäuser, die ehemaligen Sklavenquartiere und unzählige Festivals erinnern an die glorreiche Zeit vor dem Bürgerkrieg.
Seite 64: Special »Gone With The Wind«

Karibischer Strand und Spiegelkabinette
Georgia und South Carolina:
Viel Natur und lange Strände. Atlanta ist die heimliche Hauptstadt des Südens und ein einziger spiegelnder Glaspalast.

On the Road.
In Freiheit unterwegs sein und sich gleichzeitig nach zu Hause sehnen - dieses Lebensgefühl des Südens hat im Blues und in der Country Music Ausdruck gefunden.

Endlose Wälder im Great Smoky Mountains National Park.

Hillybilly, Rock'n'Roll, Baumwolle und Bibeln
Nashville, Tennessee, lebt nicht von der Musik allein. Nirgendwo in den USA werden mehr Bibeln gedruckt als hier.

Am Fuß der Blauen Berge - Virginia und North Carolina
In Appomatox, Virginia, beendete General Lee mit der Unterzeichnung der Kapitulationsurkunde den amerikanischen Bürgerkrieg - hier lebte Thomas Jefferson, Gründervater und dritter Präsident der USA.

Seite	
124	Daten zur Geschichte
126	Register
127	Karte

Das Drive-in-Theatre, hier in der Tabakstadt Winston-Salem, North Carolina, war bis in die sechziger Jahre fester Bestandteil und Inbegriff der amerikanischen Kultur.

VERSTRICKT IN DIE VERGANGEN-HEIT

Verstrickt in die Vergangenheit

»Den Süden gibt es nicht, es gibt nur viele Süden.« Das Bonmot eines Historikers von der Universität von Chapel Hill, North Carolina, trifft den Kern der Sache. In den kühlen Blauen Bergen der Appalachen reist man tatsächlich durch eine andere Welt als in den brütend heißen sommerlichen Zypressensümpfe Louisianas. Die flache Eintönigkeit des Mississippi Deltas berührt eine andere Schicht der Gefühle als die karibisch heiteren Palmenstrände von Georgia und South Carolina. Die Appalachen, die sich von Newfoundland bis nach Alabama hinunterziehen, bilden die nordwestliche Begrenzung des »alten Südens«, jener Region, die im Bürgerkrieg 1861–1865 als »Confederate States of America« aus der Union ausgetreten ist. Zum Meer hin geht das langgestreckte Gebirge in das hügelige Piedmontplateau und in die Küstenebene über. Zypressensümpfe wechseln im Küstentiefland mit ausgedehnten Mischwäldern, Buschland und Salzgrasprärien ab. Der Küste vorgelagert ziehen sich die Sea Islands, ehemaliges Plantagenland, heute Ferienparadies und Refugium für die gut Betuchten, bis zur Grenze von Florida hinunter. Im Westen begrenzt das Mississippi Valley die Region. Arkansas und Louisiana waren wirtschaftlich ganz auf den großen Strom ausgerichtet, sie gehören zum Reich des »Vaters der Gewässer«, auch wenn sie westlich des Flusses liegen.

Unberührte Wälder im Great Smoky Montain National Park, Tennesse.

Karibische Atmosphäre an den Stränden von Beaufort, South Carolina.

High Tech und Analphabetismus

»Viele Süden« – ebenso augenfällig wie die landschaftliche Vielfalt der Region ist ihre wirtschaftliche. High-Tech-Städten und Agglomerationen wie Atlanta, Nashville oder das Städtedreieck Durham-Raleigh-Chapel Hill stehen immense Landwirtschaftsgebiete gegenüber. Strip Mining in Virginia – Baumwollfelder im Mississippi-Delta. Atommeiler im Tennessee Valley – endlose Holzplantagen und Erdnußfelder in Alabama. Am Unterlauf des Mississippi Zuckerrohrplantagen und Chemiewerke in dichter Folge. Entsprechend ungleich sind im Süden Einkommen und Wohlstand verteilt. Das Mississippi Valley gehört zu den ärmsten Regionen der USA – im Umfeld der Forschungs- und Technoparks North Carolinas erreicht das Pro-Kopf-Einkommen einsame Höhen. Zwischen Analphabetismus und wissenschaftlicher Spitzenleistung liegen mitunter nur ein paar Meilen – North Carolina ist einer der ärmsten

Seite 6/7:
Die Evergreen Plantation in Edgard, einer der am besten erhaltenen Plantagenkomplexe in Louisiana. Die Pflanzervilla in Greek-Revival-Stil stammt aus dem Jahr 1840

Staaten der Region und zugleich internationaler Spitzenreiter in Medizintechnologie. Es gibt auch schlichtere Gegensätze. In Memphis etwa scheffelt Elvis Presley's Tochter Lisa Marie allein mit dem Betrieb von Elvis' Villa »Graceland« als Touristenfalle jedes Jahr Millionen – im Sugar Ditch, einem ländlichen Slum in Mississippi jenseits der Grenze, leiden Menschen Hunger.

»Graceland« – Elvis Presley's Villa in Memphis ist heute ein »Wallfahrtsort« für seine Fans.

»Stars and Bars« statt »Stars and Stripes«

Was den Süden als Region zusammenhält, ist seine Geschichte. In unzähligen Historic Sites und Museen, auf Battlefields, bei der Nachstellung von Bürgerkriegsschlachten wird sie heraufbeschworen, wird die ehemalige Größe der Region gefeiert. An vielen Fahnenmasten flattern nicht die »Stars and Stripes«, sondern die »Stars and Bars«, die alte Rebellenflagge. Man wird es nicht gerade in den Bars der smarten Manager Atlantas zu hören bekommen, um so deutlicher aber in ländlichen Kneipen, bei Barbeque- und Fund Raising Parties im Hinterland – daß sich der Süden als das gedemütigte Amerika fühlt, das Amerika, das einen Krieg verloren hat. Der konservative Süden fühlt sich immer noch in seiner Ehre gekränkt, in seiner Identität bedroht, abhängig von den »Yankees«.

Überall im Süden erinnern Wandbilder an den Bürgerkrieg (1861-1865).

Der konservative Süden fühlt sich immer noch als das Amerika, das einen Krieg verloren hat – den Bürgerkrieg.

Allzulange spielte der Süden die Rolle des Rohstofflieferanten für den Norden. Allzubeharrlich hielt er an seiner Wirtschafts- und Gesellschaftsform fest, die auf Sklavenarbeit beruhte. Er verpaßte die Industrialisierung, seine auf Rassentrennung und Gewalt beruhende Gesellschaftsordnung verhinderte den Fortschritt in allen Bereichen – von der Entwicklung der Wirtschaft bis hin zum Schulwesen und zur Forschung. Rückständigkeit und Rückwärtsgewandtheit sind eines der größten Probleme auch des modernen Südens. Während sich Staats- und Kommunalregierungen um durchgreifende Reorganisationen in Verwaltung, Bildungswesen und Wirtschaft bemühen, erfreuen sich erzkonservative religiöse Fundamentalisten eines massenhaften

Zulaufs. Zäh verteidigen die »white males«, die männlichen Weißen, immer noch ihre Vormachtsstellung in Politik und Wirtschaft. Von Osten nach Westen nimmt die Besiedlungsdichte des Südens ab. Trotz Bergbau, mechanisierter Landwirtschaft, später Industrialisierung und massiver Umweltbelastung sind weite Gebiete der Region unversehrt geblieben. Der Süden, Region mit der längsten Geschichte der Vereinigten Staaten, hat eine überaus reiche Kultur hervorgebracht, in der sich Einflüsse aus Europa, Afrika, der Karibik mischen. Dazu zählt neben der Südstaatenküche in erster Linie die Musik. Der New Orleans Jazz drückte der neuen schwarzweißen Musik im ersten Drittel des Jahrhunderts seinen Stempel auf. Auf dem berühmten Highway 61 brachten schwarze Musiker den Blues aus dem Mississippi Delta nach Chicago. Von Nashville aus verbreitete sich die Musik der Appalachen – Hillybilly – rund um die Welt. Elvis Presley mischte die Country Music mit dem Blues und wurde damit der erfolgreichste Südstaatler aller Zeiten. Im Süden entstand nach dem Ersten Weltkrieg auch eine kraftvolle Literatur, die ihren Weltrang bis heute behauptet hat. Die Region zwischen dem Atlantik und dem Golf von Mexiko ist eine Schatzkammer der Architektur, des Städtebaus und der Landschaftsgestaltung. Weltraumtechnik im NASA Space and Rocket Center von Huntsville, Alabama, Agribusiness in der Grand Prairie von Arkansas, Catfishzucht im Baumwollland von Mississippi – der schnoddrige Spruch eines scharfzüngigen Kritikers, der Süden habe zur Kultur des Landes nichts beigesteuert als Coca-Cola und mit dem »Wal-Mart« den Supermarket, entpuppt sich als das, was die Menschen südlich der Mason-and-Dixon-Line am meisten hassen: die Arroganz der »Yankees«. Im Wirtschaftsaufschwung nach dem Zweiten Weltkrieg begannen sich in der von Kleinstadt und Landwirtschaft geprägten Region die Einflüsse der Industrialisierung bemerkbar zu machen. Mitte der schziger Jahre setzte Lyndon B. Johnson die Bürger- und Wahlrechte durch. Die letzte Hürde war genommen, der »Amerikanisierung« des Südens stand nichts mehr im Weg. Saubere Luft, sauberes Wasser,

Die Stadt des Jazz – New Orleans.

Auf dem legendären Highway 61 trampten die Blues Musiker aus dem Mississippi Delta nach Chicago. Elvis Presley mischte den Blues mit Hillybilly. Rockabilly eroberte die Welt.

Das NASA Space and Rocket Center in Huntsville trug maßgeblich zur Entwicklung der Raumfahrt in den USA bei.

Städte, die noch nicht mit Verslumung und Kriminalität zu kämpfen hatten, zogen Tausende von Menschen aus den Städten des »Rustbelt« in den »Sunbelt«. Zum ersten Mal seit mehr als hundert Jahren überstieg die Zuwanderung im Süden die Abwanderung. Die südstaatlerische Arbeiterschaft war – und ist – nur wenig gewerkschaftlich organisiert und arbeitet zu wesentlich tieferen Löhnen als die des Nordens. Der Sunbelt wurde als Standort für Betriebsansiedlungen interessant. Die Staaten gewährten großzügige Steuererlässe und übernahmen die Ausbildungskosten der neu angeworbenen Belegschaften. Die Ansiedlung des Mercedes-Montagewerks im mausarmen Tuscaloosa, 1994, ließ sich der Staat Alabama 253 Millionen Dollar kosten.

Ein Viertel der Bevölkerung im Süden lebt immer noch in Armut. Den Vorsprung der Yankees haben die Rebels noch nicht aufgeholt.

»Mercedes« für den Süden

»Zahlreiche ökonomische und demographische Indikatoren lassen vermuten, daß die Sunbelt-Ära eines raschen und überwältigenden Wachstums ihrem Ende entgegengeht«, sagte 1987 eine Studie des Forschungszentrums Research Triangle Park in North Carolina voraus. Die Commission on the Future of the South stellte 1993 fest: »Ein Viertel unserer Bevölkerung lebt immer noch in Armut. Unsere Arbeiter werden immer noch mit Löhnen unter dem nationalen Durchschnitt bezahlt. Unsere Kinder besuchen Schulen, denen es an Qualität mangelt. Manche unserer Städte erleben zwar einen Boom, ehemals prosperierende ländliche Gebiete kümmern aber vor sich hin. »Not much really has changed«. Der Süden, vielfältigste, an Kultur und landschaftlicher Schönheit reichste Region der Vereinigten Staaten, wird seine Vergangenheit nicht los. Es ist zwar längst nicht mehr der »Hinterhof« Amerikas, den Vorsprung der Yankees haben die Rebels aber noch lange nicht aufgeholt.

Armut ist im Süden allgegenwärtig.

Das monumentale Relief am Stone Mountain bei Atlanta zeigt die drei Helden der Konföderation, Präsident Jefferson Davis, General Robert E. Lee und General Thomas J. Jackson.

Symbole der Vergangenheit spielen eine wichtige Rolle im Süden. Über vielen öffentlichen Gebäuden wehen nicht die »Stars and Stripes« der Union, sondern die »Stars and Bars« der Rebellenflagge.

Mit prunkvollen Fassaden und Interieurs stellten die Zuckerbarone Louisianas ihren Reichtum zur Schau - die Fassade der Nottoway (links) und Interieurs der Butler Greenwood Plantation (rechts).

Oben und Seite 17: Mary Mahonys Old French House in der Hafenstadt Biloxi, Mississippi. Die legendäre Gastfreundschaft des Südens drückt sich in der gepflegten, europäisch anmutenden Gastronomie aus.

Frühstücksbüfett unter alten Eichen. Manche Pflanzervillen, darunter auch das legendäre Nottoway, werden als Hotels oder Bed & Breakfast-Herbergen der gehobenen Klasse geführt.

Mississippi River

Der Mississippi ist mit 4100 Kilometern Länge der mächtigste Strom des nordamerikanischen Kontinents, mißt man ihn bis zur Quelle des Missouri, so beträgt seine Länge sogar 6970 Kilometer. Von der Mündung des Ohio River bis zum Golf von Mexiko fließt er mäandrierend durch eine bis zu 150 Kilometer breite Aue, das Delta. Das Einzugsgebiet von Mississippi und Missouri mißt über drei Millionen Quadratkilometer und umfaßt einunddreißig Bundesstaaten und zwei kanadische Provinzen. Der Mississippi ist eine Legende, ein Mythos, aus dem Hunderte von Geschichten und Romanen gesponnen wurden von Mark Twains »The Aventures of Huckleberry Finn« bis zu Jonathan Rabans abenteuerlichem Reisebericht »Mississippi«. Twain arbeitete von 1857 bis 1861 als Lotse auf dem Ole Man River, Raban befuhr den unberechenbaren, gefährlichen Fluß in einem offenen Sechsmeterboot mit Außenbordmotor hundertzwanzig Jahre später. Der Mississippi ist zusammen mit einem ausgedehnten System von Kanälen bis heute eine der wichtigsten Verkehrsachsen der USA. Er ist auch ein Ungeheuer und versetzt die Menschen an seinen Ufern mit Überschwemmungen immer wieder in Angst und Schrecken – letztmals im Sommer 1993, als der Fluß oberhalb St. Louis ein Gebiet von der Fläche der Schweiz überflutete. Bei der großen Flut von 1927 verloren 650 000 Menschen im Delta ihr Hab und Gut, 250 das Leben. Das US Army Corps of Engineers begann nach dieser Katastrophe, den Fluß systematisch zu verbauen. Heute richtet sich das Augenmerk der Armeeingenieure vor allem auf den Unterlauf des Mississippi, der sich anschickt, sein altes Bett zu verlassen und dem Golf durch den 250 Kilometer langen Atchafalaya River statt durch seinen eigenen, 500 Kilometer langen Unterlauf entgegenzustreben. Durch eine alte Flußschleife, der die beiden Ströme verbindet, will der Mississippi die Abkürzung nehmen. Sie wurde 1963 durch einen Damm geschlossen. Dem Hochwasser von 1973 hielt die Befestigung stand, von der Jahrhundertflut von 1993 war der Mississippi-Unterlauf nicht betroffen – ob es den Menschen gelungen ist, dem Vater der Ströme ihren Willen aufzuzwingen, ist deshalb ungewiß. Bleiben die

Ein Wettrennen von Schaufelraddampfern auf dem Mississippi.

Mark Twain (1835 - 1910) verbrachte seine Jugend in Hannibal, dem Schauplatz der Tom-Sawyer-Geschichten.

SCHAUFELRADDAMPFER AUF DEM OLE MAN RIVER

Der erste Schaufelraddampfer wurde 1807 in Betrieb genommen, um 1850 verkehrten schon fast tausend Steamer auf dem Mississippi. Der Raddampfer mit seinem flachen Boden und geringen Tiefgang machte aus dem Ole Man River die wichtigste Verkehrsachse der USA. Berühmte Dampferrennen und schreckliche Kesselexplosionen, über die per Telegraf in der ganzen Welt berichtet wurde, verliehen dem Dampfboot eine Aura von Nervenkitzel und Abenteuer. Niemand hat das wirkliche Leben auf dem Dampfer eindrücklicher beschrieben als Mark Twain. Wer den Fluß auf der »Delta Queen« oder der »Mississippi Queen« bereisen will, muß heute tief in die Tasche greifen und ein Jahr im voraus buchen.

Flußverbauer erfolglos, so wird sich New Orleans mit seinen Hafenanlagen über kurz oder lang in eine Binnenstadt verwandeln. Seit 1963 fließen durch ein Regulierwerk dreißig Prozent des Mississippiwassers in den Atchafalaya River. Um das unterschiedliche Gefälle der beiden Flüsse auszugleichen – es ist der Grund, warum es den großen Fluß unwiderstehlich ins Bett des kleineren zieht –, leiten die Armeeingenieure die Sedimentfracht des Mississippi durch einen schnell fließenden Nebenkanal in den Atchafalaya. Dadurch versandet das Atchafalaya Basin. Der von seiner Sedimentfracht befreite Mississippi lagert bei der Mündung zuwenig Feststoffe ab, so daß die flache Schwemmlandküste langsam versinkt.

Die Reise auf einem Raddampfer ist heute ein exklusives Vergnügen.

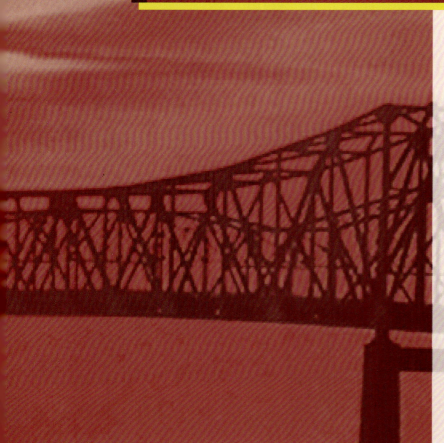

Die Fahrt flußabwärts auf einem Floß.

19

Auf dem Ast des Tupelobaumes ein Amerikanischer Schlangenhalsvogel. Die Swamps des tiefen Südens beherbergen eine reiche Tierwelt.

Swamp oder Sumpf bedeuteten im Süden nicht Moor oder Morast. Swamps sind überflutete Zypressen- und Tupelowälder, reiche Fischgründe und Jagdgebiete.

Im stillen Wasser eines unberührten Swamps bei Lake Charles, Louisiana, spiegeln sich die Stämme der Tupelobäume.

Die Rundfahrt mit dem Mississippidampfer durch den Hafen von New Orleans ist eine der größten Attraktionen der »Crescent City«.

Spuren der spanischen Kolonialzeit im French Quarter, dem Vergnügungsviertel von New Orleans: die reich verzierten Eisengeländer an den Lauben der unamerikanisch niedrigen Häuser.

Der Mississippi, der das Gebiet der großen Seen mit dem Golf von Mexiko und dem Atlantik verbindet, ist eine der wichtigsten Verkehrsachsen der Vereinigten Staaten. Die Landschaft zwischen Baton Rouge und New Orleans ist seit der Kolonialzeit vom großen Verkehrsweg geprägt. In den Mäanderschleifen des Flusses legten französische, spanische und englische Pflanzer Zuckerrohrplantagen an, weit ins Land hineinreichende Geländestreifen, deren Schmalseiten ans Wasser stießen. Jede Plantage besaß auf Grund dieser Parzellierung eine eigene Anlegestelle, Voraussetzung dafür, daß sie überhaupt arbeiten konnte. Im 18. und 19. Jahrhundert errichteten zu Reichtum gekommene Zuckerbarone im Schutz der Uferdämme prächtige Herrenhäuser im Greek Revival Stil. Zu Beginn des 20. Jahrhunderts brach in Louisiana ein Ölboom aus, der sich im Zweiten Weltkrieg erneuerte. Zwischen Baton Rouge und New Orleans wurden Erdölraffinerien gebaut, in ihrem Gefolge siedelte sich die chemische Industrie an – der »Chemiekorridor« war geboren.

Ölindustrie am Mississippi bei Hahnville, Louisiana.

Am Unterlauf des Mississippi wechseln Zuckerrohrfelder mit Fabriken ab, architektonische Wunder wie die hellgelb und rosa gestrichene San Francisco Plantation mit alptraumhaft häßlichen Industrieanlagen. Vor jedem Chemiewerk eine Verladestation. Förderbänder, Gebläserohre spannen sich über Straße und Uferdamm. Lagerplätze mit Chemikalien- und Kohlehaufen. Die Dieselmotoren der Schubverbände hämmern auf dem Fluß, Schiffssirenen dröhnen. Im Garten des Plantation Home, das zur vornehmen Bed & Breakfast-Herberge umfunktioniert worden ist, bedienen sich Gäste am weißgedeckten Frühstücksbüfett. Und während die schwarzen Arbeiter in rostigen Autos zur Nachmittagsschicht fahren, erstehen die Touristen am Souvenir Shop von Oak Alley Salzstreuer in Form von schwarzen Mammies. Rotes Kopftuch, weiße Schürze. Malerische Zypressensümpfe, Tankanlagen, zerfallende Siedlungen, an einsamen Kreuzungen Country Stores mit der obligaten Benzinzapfsäule und der Plantagenglocke aus der Zeit, als Zuckerrohr noch von Hand geerntet wurde. Am Unterlauf des Mississippi scheint es, als hätte die Moderne den Süden noch nicht erreicht – und wäre doch mit zerstörerischer Wucht längst über ihn hinweggerollt.

Ein Wahrzeichen des Südens – die Nottoway Plantation bei Baton Rouge.

Seite 24/25: Schaufelraddampfer befahren den Mississippi von New Orleans bis St. Louis wie zu Mark Twains Zeiten.

Napoleons Truppen am Mississippi

In den ländlichen Gegenden Louisianas sind die Straßen nicht so säuberlich beschildert wie im puritanischen Mississippi, Unrat liegt in den Straßengräben. Aber das Spanish Moss an den Eichen ist länger, die Vegetation üppiger, die Kirchen sind katholisch, und die Küche ist pikant und würzig. Louisiana wurde 1699 als französische Kolonie gegründet und 1803 von Napoleon Bonaparte für 15 Millionen Dollar an die USA verkauft. Um den großen Wasser- und Handelsweg, den Mississippi, kontrollieren zu können, errichteten die Franzosen an seiner Mündung 1718 ein Fort, das sie Nouvelle Orléans nannten – eine unmögliche Gründung auf einer sumpfigen, mückenverseuchten Uferwiese. Sie mußte durch Dämme gegen Überflutungen geschützt werden. Nouvelle Orléans wollte denn auch nicht recht gedeihen, Sumpffieber und Malaria grassierten. Um seiner kränkelnden Kolonie auf die Beine zu helfen, ließ Louis XV. Frauen aus den Pariser Besserungsanstalten an den Mississippi deportieren. Frauen für die Kolonisten. Darin sehen manche Historiker den Ursprung dessen, was New Orleans berühmt und verrufen machen sollte: sein Vergnügungsviertel mit Glücksspiel, Hahnenkämpfen, Tanz, Musik und Prostitution.

Die Eichenallee auf der Plantage The Oaks bei St. Francisville, Louisiana.

Die Raddampfer werden noch heute zu Ausflugsfahrten und Vergnügungsreisen genutzt.

An den puritanischen Wertmaßstäben der amerikanischen Moralvorstellungen gemessen, ist das Vieux Carré, die französisch-spanische Altstadt der »Crescent City«, auch heute noch ein lasterhaftes Pflaster. Deshalb drängen sich in den Straßen hinter dem Jackson Square jedes Jahr mehr Touristen, stürmen die Striplokale, die Bars, die Dixieland- und Jazzlokale, schlagen sich in den unzähligen Restaurants den Bauch mit den Köstlichkeiten der Kreolenküche voll. Sie stehen Schlange vor der Preservation Hall, wo Jazz-Veteranen Dixie-Oldies spielen, klatschen Straßenmusikern, Jongleuren, Akrobaten, Witzereißern, Taschenspielern Beifall und suchen in Bumslokalen und finsteren Ecken das Abenteuer. Im Frühjahr trifft sich alles was im Jazz, im Rhythm & Blues und in der Country Music Rang und Namen hat, zum New Orleans Jazz & Heritage Festival. Am Mardi Gras, dem Karneval, verlieren die Stadt und

New Orleans wird seinem Ruf als lasterhaftes Pflaster noch heute gerecht – wenigstens nach amerikanischen Maßstäben.

ihre Besucher vollends den Kopf. Die Karnevalsgesellschaften, die Krewes, paradieren zu heißen Rhythmen, die Kreolenaristokratie – Crème der Alteingesessenen – führt auf rauschenden Bällen ihre Debütantinnen ein, im Vieux Carré wird in Restaurants und Bars gebechert und auf den Straßen getanzt.

Die Cajuns – französische Siedler aus Kanada

Von viereinhalb Millionen Einwohnern sprechen in Louisiana rund eine halbe Million französisch, zu einem die französischstämmigen Kreolen in New Orleans, zum anderen die Cajuns, Bewohner des Prärie- und Sumpfgebietes im Dreieck New Orleans-Alexandria-Lake Charles. Die Cajuns, französische Siedler im kanadischen Nova Scotia, weigerten sich im französisch-britischen Kolonialkrieg 1755-1762, dem englischen König den Treueeid zu schwören und wurden deshalb von den Briten massakriert, vertrieben, in alle Windrichtungen deportiert. Einige tausend Flüchtlinge gelangten nach Louisiana und siedelten sich als Farmer und Jäger in der wasserreichen Küstenebene um das Atchafalayabecken an. Bis zum Zweiten Weltkrieg galten sie als Hinterwäldler. Noch in den dreißiger Jahren wurden sie als die letzte nicht assimilierte Minderheit der Nation bezeichnet, ihre Kultur wurde bekämpft, bis 1974 war ihre französische Sprache in den Schulen verboten.

Noch in den dreißiger Jahren galten die Cajuns als letzte nicht assimilierte Minderheit der USA.

In den achtziger Jahren war »Cajun« als Markenzeichen aber plötzlich »in«. Hamburgermüde Amerikaner und europäische Touristen entdeckten nach der kreolischen Küche endlich auch die Küche der Cajuns, ihre Musik, ihre Lebenslust und Vitalität, und schon drängten sich Außenstehende zu den samstäglichen Tanzereien in den ländlichen Tanzschuppen, versuchten sich im Swamp-Stomp und im Cajun-Walzer, freundlich empfangen und applaudiert von den noch vor kurzem bitter Verachteten.

Die Cajuns leben heute als Reisbauern und Viehzüchter in den Plains, einige Tausend Familien als Fischer und Jäger an den Bayous und am Rand des Atchafalayabeckens. Obwohl die Interstate 10 das Cajun-Herzland durchschneidet und die Swamps durch Straßen erschlossen sind, ist das Boot

Im Restaurant »The Cabin« in New Orleans bekommt man alle Spezialitäten der Cajun-Küche.

Crawfish – Süßwasserkrebse – aus dem Mississippidelta sind ein besonderer Leckerbissen.

im Cajun Country unverzichtbares Verkehrsmittel. Unvergeßlich bleiben Fahrten auf den stillen Bayous und in den Zypressenwäldern des Atchafalayabeckens. Alligatoren, Reiher, Seeadler, Schildkröten, Schlangen, Hirsche und Bären leben in den Wildnissen, in denen Land und Wasser in tausendfacher Weise ineinander übergehen. Doch die Wetlands um die Mississippimündung und das Atchafalayabecken sind gefährdet. Die Erträge an Crawfish – Süßwasserkrebsen – und Fisch gehen zurück, als Folge von Mississippikorrekturen verlandet der Atchafalaya Swamp. Ölbohrplattformen stehen mitten in der Wildnis, durch die Zufahrtskanäle dringt Salzwasser in das Schwemmland ein, zerstört die Vegetation, die Erosion vernichtet Jahr um Jahr Tausende von Hektaren Marschland. Experten sagen den Untergang der heutigen Küstenlinie östlich der Atchafalayamündung voraus – Land unter noch vor dem Ende des Jahrhunderts. Cocodrie, Port Fourchon, Grand Isle würden dann vom Erdboden verschwunden sein. Nach Schätzungen der Bundesregierung würde es zwanzig Milliarden Dollar kosten, das ökologische Gleichgewicht vor Louisianas Küste wieder herzustellen und die reichsten Fischgründe der Vereinigten Staaten zu retten. »Lâche pas la patate!«, Laß die Kartoffel nicht fallen! – lautet die Devise der Cajuns. Sie meinen damit: Gib nicht auf, laß dich nicht unterkriegen! Es klingt wie ein Hilferuf, wie ein Appell – doch die Nation, an die er gerichtet ist, hat die Mittel nicht, um an die Rettung einer Wildnis aus Wasser, Sumpfgras und Zypressen auch nur zu denken.

Die Nation hat die Mittel nicht, die Wildnis aus Wasser, Sumpfgras und Zypressen zu retten.

Eine Bootsfahrt durch die Zypressenwälder des Atchafalaya Swamp.

Autobahnen,
Industrieanlagen,
Straßen, Kanäle
haben die Stille
der endlosen Swamps
in Louisiana zerstört.
Der moderne Süden
kämpft mit massiven
ökologischen Problemen.

New Orleans. Die »Crescent City« ist nicht nur Touristenattraktion, sondern moderne Großstadt, Verkehrsknotenpunkt und einer der wichtigsten Häfen der USA.

Der Lake Pontchartrain Causeway, längste Brücke der USA, zieht sich als rund vierzig Kilometer langes Betonband durch die blaue Bucht.

Künstler, Flaneure, Paraden. Sie bestimmen das Straßenbild von New Orleans' Altstadt und Vergnügungsviertel, dem French Quarter.

Die locker-lässige Lebensart der von französisch-karibischen Einflüssen geprägten Kreolen lockt viele Nordstaatler an den Unterlauf des Mississippi.

Unten:
New Orleans hat außer seinem besonderen Lebensstil alle Einrichtungen einer modernen Großstadt zu bieten - unter anderem im Riverfront Park das Aquarium of the Americas.

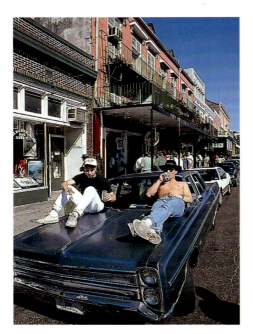

Staunen in
New Orleans.
In der »Crescent City«
leben Schwarz und
Weiß, Chinesen,
Lateinamerikaner,
Indianer, Menschen
aus der Karibik
zusammen.

Im historischen French Quarter, dem sündigen Viertel der Stadt, lebt die Gegenwart in allen Spielarten und Facetten.

Unten und Seite 37: Am Morgen nach einer langen, heißen, swingenden Nacht liegen die Straßen des French Quarter verlassen. Wenn die Sonne sinkt, drängt sich unter den Balkonen wieder die lebenshungrige Menge.

Paraden und Kirchen. New Orleans ist lebensfroh und fromm. Die spanische St. Louis Cathedral (rechts) von 1794 ist die älteste Kathedrale der USA.

Der Jackson Square mit der dreitürmigen St. Louis Cathedral ist das Zentrum der Altstadt von New Orleans. Der Platz ist nach dem späteren Präsidenten Andrew Jackson benannt, dem »Retter von New Orleans«, der im Krieg von 1812 vor den Toren der Stadt die englische Streitmacht besiegte.

Louisiana ist katholisch. Am Unterlauf des Mississippi, im Chemiekorridor, prallen ideelle und materielle Welten hart aufeinander. Kirchen und Kruzifixe, Herrenhäuser und Sklavenquartiere drängen sich zwischen Industrieanlagen und Verladestationen am Mississippi.

Die Bindung der Südstaatler an ihre Kirchen ist eng. Mehr Menschen als anderswo in den USA besuchen regelmäßig den Gottesdienst. Kirchliche Traditionen - hier die Hochzeit katholischer Kreolen in New Orleans - werden hochgehalten.

Am Mardi Gras spielt
New Orleans verrückt.
Zu Jazz und heißen
karibischen Rhythmen
paradieren die
Karnevalsgesellschaften.
In den Straßen wird
ausgeflippt und wild
gefeiert, die Oberschicht
tut´s nobel. Sie führt
auf rauschenden Bällen
ihre Debütantinnen ein.

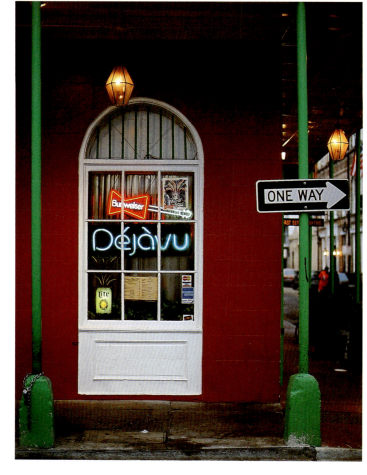

Das French Quarter verdankt seinen
- schlechten - Ruf
der Geschichte:
Bis 1917 *war es*
offizielles Rotlichtviertel.
Für amerikanische
Begriffe ist es noch
heute ein Sündenpfuhl.
Sein Unterhaltungsangebot für Erwachsene
läßt keine Wünsche
offen.

Nachts drängt sich die lebenslustige Menge in der Bourbon Street.

Im Café Pontalba an der Ecke St. Peter und Chartres Street herrscht pariserische Atmosphäre.

New Orleans' Restaurants sind berühmt für ihre internationale und kreolische Küche. In subtropisch warmen Nächten speist man auf den spanischen Balkonen der Altstadthäuser.

In Louisiana und obendrein am Mardi Gras sind die Sitten lockerer als im übrigen Süden. Biertrinken auf der Straße ist in vielen Towns und Counties verboten.

Die Wiege des Jazz

»The Original Dixieland Jazz Band«, eine weiße Band, die 1917 die erste Jazz-Schallplatte aufgenommen hat.

Daß der Jazz in New Orleans geboren sei, wie der legendäre Jazzpianist »Jelly Roll« Morton es in seiner Autobiographie behauptet, ist so wahr wie jeder Mythos – es ist etwas Wahres dran, die ganze Wahrheit ist es nicht. Schwarze und weiße Volksmusik verschmolzen im letzten Drittel des 19. Jahrhunderts in Städten wie Washington, Baltimore, Kansas City, New York, St. Louis, New Orleans gleichzeitig zu einer neuen Musik – Folge der Wanderungsbewegung der befreiten Schwarzen in die Städte und nach Norden. In der Hauptstadt Louisianas entwickelte sie sich allerdings in besonderer Weise. New Orleans mit seinem französisch-spanisch-karibischen Erbe widerhallte von französischen Militärmärschen, Opern- und Operettenmelodien aus der French Opéra im Vieux Carré, von europäischer Salon- und Tanzmusik, Kirchenmusik, Blues- und Gospelsongs, von Schlagern aus der New Yorker Tin Pan Alley, Folksongs aus den Swamps der Cajuns und aus der Karibik. Sie gingen auf in der synkopierten, pfeffrigen Pianomusik aus dem Mississippi Valley, im Ragtime. Um 1915 bürgerte sich für die neue Musik der Name Jazz ein. Der New Orleans Jazz wurde von Schwarzen und Weißen aller erdenklichen ethnischen Ursprünge gespielt und verbreitet, von schwarzen und weißen Kreolen, von irischen Immigranten, von Deutschen, Protestanten, Katholiken und Juden. Für Instrumentalmusik bestand in New Orleans bei Parties und Bällen, Dance Halls und Social Clubs ständige, große Nachfrage. In Storyville, dem offiziellen Rotlichtbezirk der Stadt, spielten Ragtime- und Bluespianisten gelegentlich in den Bordellen. Auch Jazzbands spielten in Storyville auf. Louis Armstrong drückte sich als Halbwüchsiger durch die anrüchigen Etablissements. Auf einer Tournee durch Chicago, New York und London trug die weiße »Original Dixieland Jazz Band« den New Orleans Jazz in den Norden und nach Europa. Musiker wie Jelly Roll Morton, King Oliver, Louis Armstrong sorgten dafür, daß das Jazzfieber ganz Amerika ergriff, der Klarinettist und Saxophonist Sidney Bechet steckte in den zwanziger Jahren Europa mit dem Jazzbazillus an. Auch heute wird in New Orleans Dixieland in unzähligen Lokalen des Vieux Carré gespielt, allzuhäufig aber als folkloristische Routine im Tourismusgeschäft. Vor der Preservation Hall, wo Jazzveteranen Dixieland pur zelebrieren, stehen Touristen in der Reisesaison für ein Ticket stundenlang Schlange. Guten Jazz aller möglichen Stilrich-

Duke Ellington in jungen Jahren.

»Le Hot Jazz« eines der ersten seriösen Nachschlagewerke über den Jazz (1934).

Erotische Phantasie um ein Saxophon – das Titelblatt der Pariser Zeitschrift »Le Sourire« vom April 1931

tungen bekommt man beim alljährlichen New Orleans Jazz & Heritage Festival und beim French Quarter Festival sowie in den zahlreichen Jazzclubs und -lokalen außerhalb des French Quarter zu hören.

»Maison Bourbon« (oben) und »Krazy Korner« (links) sind zwei bekannte Jazz-Lokale im French Quarter in New Orleans.

LOUIS »SATCHMO« ARMSTRONG

Der Trompeter und Sänger Louis »Satchmo« Armstrong, 1900-1971, war die beliebteste und bekannteste Persönlichkeit der Jazzwelt. Einen Teil seiner Jugend verbrachte er in New Orleans in einer Fürsorgeanstalt, wo er Cornett spielen lernte. Mit 17 Jahren war »Satchmo«, der bei Joe »King« Oliver in die musikalische Lehre gegangen war, bereits ein kompletter Musiker. »Satchmo« revolutionierte den Jazz, indem er ihn »zivilisierte«. Er organisierte das spontane Zusammenspiel nach den Regeln der europäischen Musik. »Seit Armstrong«, schreibt der Publizist Joachim E. Berendt, »kann man falsche Noten im Jazz nicht mehr mit Vitalität oder Ursprünglichkeit entschuldigen«. Mit »Hello Dolly« führte Armstrong 1964 vor den Beatles die Hitlisten an. Viele Fans nahmen ihm seine Ausflüge in die Popmusik übel – und mißverstanden ihn damit gründlich. Satchmo spielte nie für eine elitäre Jazzgemeinde, sondern immer für alle.

Seite 46/47:
Das Wasser des Zypressensumpfs im Atchafalaya Basin ist mit leuchtend grüner Wasserlinse bedeckt.

Im Mündungsgebiet des Mississippi gehen Wasser und Land ineinander über.

Das Siedlungsgebiet der Cajuns ist zwar durch Straßen erschlossen - eine Wildnis ist es trotzdem geblieben.

Musik ist das Lebenselixier der Cajuns - der Swamp mit seinen Alligatoren ihr Lebensraum. Die gepanzerten Echsen entlang den Touristenrouten wissen genau, wann es Zeit zum Füttern ist.

Die Küche der Cajuns steht der Kreolenküche in bezug auf Reichhaltigkeit und Phantasie in keiner Weise nach.

Curtis und Geraldine Allemond betreiben in Henderson, Louisiana, den Country Store und das Restaurant McGhee´s Landing und führen Touristen im Boot durch den Atchafalaya Sumpf.

Fais-do-do
- am Samstag wird bei den Cajuns getanzt. Das Restaurant Mulate's in Breaux Bridge mit seinem Tanzschuppen ist ein Anziehungspunkt für hamburgermüde Touristen geworden.

Tabasco, die scharfe Würze für alle, die's heiß mögen, wird in Avery Island, Louisiana, hergestellt.

Beidseits des Ole Man River – Mississippi und Arkansas

Tupelo, eine Kleinstadt im grünen Hügelland hoch oben im Norden des Staates Mississippi. Der Shopping Mall in der Innenstadt – überhaupt die Innenstadt – zerfällt. Spanplatten anstelle von Schaufensterscheiben, der Wind treibt Pappschachteln durch verödete Ladenpassagen, der riesige Parkplatz ist leer. Im ehemaligen Department Store spielen Tupelos Rentner Bingo. Der neue Mall steht am Stadtrand. Die Stadt wächst die Einfallstraßen entlang, wie viele amerikanische Städte stülpt sich Tupelo gleichsam um, wendet das Innere nach außen. Dem Ausrangierten kehrt sie den Rücken und löscht auf diese Weise die eigene Geschichte aus. In dieser Region, die von der Vergangenheit besessen ist, geht man mit der Vergangenheit seltsam um. Nirgends gibt es so viele Museen, Halls of Fame und Heritage Centers wie im Süden, Bürgerkriegsschlachten, Belagerungen, Militärcamps werden nachgestellt. Gleichzeitig verwischen die Verwalter der Vergangenheit aber Spuren und beseitigen Zeugen. Die Besucher der Herrenhäuser erfahren

Baumwollernte in Old Salem, North Carolina.

alles über Glanz und Gloria der Southern Belles und ihrer Kavaliere, aber kaum etwas über die verheerenden Folgen des Plantagensystems, die bis heute nachwirken. Alles über die Kühlung des Hauses im heißen Deltasommer, aber nichts über die Lebensumstände der Sklaven, die für die Kühlung sorgten. Die Sklavenquartiere wurden fast überall abgerissen. Und in Elvis Presley's Elternhaus, das dem Besucher die Umgebung vor Augen führen soll, in der der King of Rock'n'Roll seine Kindheit verbrachte, hat die Elvis Presley Commission neue Tapeten auf die Wände geklebt. Der Garten ist neu gestaltet, hübsch, so hübsch, wie ihn Elvis, das Armeleutekind, nie gesehen hat.

Baumwolland – Sklavenland

Highway 6 führt durch bewaldetes Hügelland westwärts nach Oxford, Mississippi, wo ein ganz anderer Weltberühmter lebte. Der Dichter und Nobelpreisträger William Faulkner machte das schmucke Universitätsstädtchen mit dem säulengeschmückten County Courthaus zum Schauplatz seiner Erzählungen und Romane. Oxfords Bürger liebten ihn nicht dafür, denn er erinnerte sich zu genau und zu erbarmungslos. Er machte aus ihnen Figuren, die er über den quadratischen Square in der Stadtmitte stolzieren ließ, auf dem Weg zum Gericht, wo sie sich für allerlei Gaunereien zu verantworten hatten, oder zu einer Lynchparty, einen ver-

Faulkners Arbeitszimmer in seinem Haus Rowan Oak in Oxford.

Seite 52/53: Auf den Wällen von Vicksburg. Der Fall der Stadt am Mississippi leitete die Wende im Bürgerkrieg ein.

meintlichen schwarzen Mörder zu hängen. Im September 1962, als sich der Schwarze James Meredith an der »Ole Miss« immatrikulieren wollte, kam es zu schweren Rassenkrawallen, die zwei Menschen das Leben kosteten. Faulkner war im April gestorben. Sein Haus Rowan Oak, ein Ante Bellum Mansion, ist heute eine Pilgerstätte für Literaturfans geworden, für die Liebhaber langer, verschlungener Texte.

Das Haus des Dichters und Nobelpreisträgers William Faulkners in Oxford, Mississippi.

Auf den Reisfeldern von Stuttgart

Im Delta, der Flußebene des Mississippi River, dehnen sich die Baumwollfelder. Cotton Gins, Baumwollentkernungsanlagen, stehen als Landmarken im topfebenen Schwemmland. Mississippi ist nicht mehr der Baumwollstaat, der er einmal war. Die Weltwirtschaftskrise und der New Deal haben der Monokultur den Garaus gemacht. Mississippi ist nach Texas und Kalifornien zwar immer noch drittgrößter Baumwollproduzent der USA, die Forstwirtschaft übertrifft die Baumwollproduktion inzwischen aber an Bedeutung. Swamps säumen die Straße, überflutete Wälder aus Tupelobäumen und Sumpfzypressen. Auf Baumstümpfen hocken Schildkröten in allen Größen, springen bei der leisesten Bewegung blitzschnell ins Wasser. Die rechteckigen Teiche der Catfish Ponds – Welszucht ist ein boomendes Geschäft im tiefen Süden – schimmern in allen Farbstufen zwischen türkis und beige. Sonnabend in Rich, Mississippi. Die feuchte Frühsommerhitze lastet. Das winzige Postoffice, zugleich ein Lebensmittelladen, hat noch offen. An der Tanksäule zapft ein schwarzer Landarbeiter Benzin. Angelruten ragen aus dem Fenster seines alten Chevrolet. An Teichen, Flußläufen, Seen sitzen sie, Frauen und Männer, und angeln, weniger zum sportlichen Zeitvertreib als um das magere Haushaltsgeld aufzubessern.

Eine Buchhandlung in der Heimatstadt William Faulkners.

Der Catfish ist das inoffizielle Wappentier des Südens. Die Welszucht entwickelte sich zum blühenden Geschäft.

Der Highway 49 überquert den Mississippi, lehmigbraune Wassermassen, träge drehende Wirbel, ein treibender Baum. Helena, Arkansas. Bis zum Zweiten Weltkrieg war die Kleinstadt am Mississippi eines der Zentren des Baumwolllandes, heute ist sie ein bedeutungsloser Flecken am großen Fluß und lebt von der Erinnerung. Das Bahnhofsgebäude beherbergt ein kleines Museum zu Kultur und Geschichte des Deltas. Doch die Bahnlinie ist längst stillgelegt. In die leeren Baumwollspeicher am Uferdamm sind Souvenirläden und Boutiqen eingezogen – in der Hoffnung auf Touristen, die der Charme des Zerfalls anziehen soll. Einen Block von der verlotterten Mainstreet entfernt lungern vor einer Bar arbeitslose schwarze Jugendliche herum. Auf den Veranden der ärmlichen Innenstadthäuschen drängen sich vielköpfige Familien. Wer weiß oder besser gestellt ist, wohnt in den Vierteln am Fuß des Bluffs oder in West Helena auf der Anhöhe über dem Mississippi.

In Natchez hat man das alte Straßenbild erhalten.

Der Highway 1 führt nach Westen, über den White River zur Grand Prairie. Stuttgart, Ulm, DeWitt heißen hier die Orte. In den achtziger Jahren des letzten Jahrhunderts begannen deutsche Bauern in dem Grasland, dessen lehmiger Boden keinen Baumwuchs zuläßt, Reis zu pflanzen. Heute erzielen die Reisfarmer Stuttgarts die höchsten Erträge der Welt. Im Herbst, wenn die Wildenten auf ihrem Zug nach Süden ins Delta einfallen, versammeln sich in Stuttgarts Reisfeldern Tausende von Jägern aus aller Herren Länder. Die »Reis- und Entenhauptstadt der Welt« begeht die jährliche Weltmeisterschaft im Entenlockrufen mit einem Stadtfest. Hillybilly, Tanz und Bier.

Ohne Sklavenarbeit machten deutsche Bauern die Grand Prairie von Arkansas zum Zentrum des amerikanischen Reisanbaus.

Am Grape Festival in Altus, einem winzigen Kaff am Fuß des Ozarkgebirges, ist der einzige Schwarze der Mann, der die Kinder auf den Ponies im Kreis herumführt. Die weißen Festivalbesucher – Farmer, Geflügelzüchter, Handwerker – sitzen im Halbkreis um den Pavillon, in dem der Bluegrass- und Hillybilly-Wettbewerb ausgetragen wird. Brandon Apple, zwölf Jahre alt, siegt bei den Fiedlern. Brandon wird im Ozark Folk Center in Mountain View ausgebildet. Beim nationalen Nachwuchswettbewerb in Nashville hat er den zweiten Platz erfiedelt – ein neuer Stern am Hillybilly-Himmel. Gesponsert wird das Altus Grape Festival von den Wiederkehr Weinkellereien im Nachbardorf Wiederkehr Village. Seit drei Generationen produzieren die Wiederkehrs aus dem schweizerischen Aargau hier ihre edlen Tropfen und bringen sie in echt amerikanischer Manier an den Mann und an die Frau: als exotische Attraktion »an der Straße« für Ausflügler und Touristen, die mit Coke aufgewachsen sind und zum Steak gewöhnlich Milchkaffee trinken. Am liebsten nehmen sie

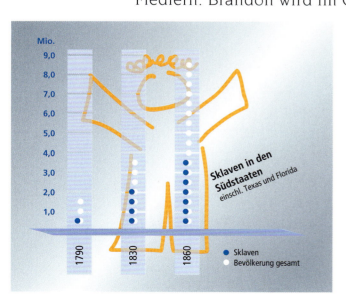

Im mondänen Kurort Hot Springs, Arkansas, wird gebadet und gezockt – der Outlaw Jesse James nahm den Damen die Klunker mit dem Revolver ab.

nach der Führung durch die Kellereien eine Flasche aus der »Alpine-Line« mit, einen Weißen oder einen Rosé, gesüßt mit Sirup. Vom Buffalo River führt der Highway 7 durch das waldige, grüne Ozarkgebirge, quer durch das Arkansas River Valley, die Ouachita Mountains nach Hot Springs, Camden, ElDorado. Blaue Berge, glitzernde Seen, über der Ebene türmen sich weiße Wolkengebirge am Sommerhimmel, abends tobt ein Gewitter. Es ist eine Reise durch die Geschichte. Der Norden ist weiß, der Süden schwarz. Die Kleinbauern in den Boston Mountains und auf dem Ozark Plateau waren zu arm, um Sklaven zu halten. Die Pflanzer im Süden dagegen investierten in riesige Anbauflächen und in den Besitz von Menschen. In Hot Springs, dem mondänen Kurort in den Ouachita Mountains, trafen sich die reichen Spieler und die Räuber. Der Outlaw Jesse James, Held unzähliger Hollywood-Western, raubte auf der alten Landstraße eine Postkutsche aus. Den Ladies nahm er den Schmuck ab, den Gentlemen das Bare. Die Revolver gab er den Herren zurück: »Sie reisen nach Hot Springs, da werden Sie eine Pistole brauchen!« Hot Springs – touristisch, mondän und weiß. Camden – ein schwarzer Innenstadtslum unter einem schweren Gewitterhimmel. Im Süden Arkansas' und im Delta ist die Mehrheit der Bevölkerung schwarz. Die Arbeitslosenrate der schwarzen Counties ist höher als die der weißen und übersteigt oft zwanzig Prozent. Nirgends in den Vereinigten Staaten sind die Schwarzen ärmer als im Delta.

Raddampfer sind immer eine Attraktion – dieser bei Vicksburg wird als Casino genutzt.

Das Mississipppidelta südlich von New Orleans.

»King Cotton«, das weiße Gold. Die Baumwolle bescherte dem Süden für einige Jahrzehnte sagenhaften Reichtum - und bis heute wirtschaftliche und gesellschaftliche Probleme.

Im Herbst wird die reife Baumwolle maschinell geerntet. Die Pflückerkolonnen auf den riesigen brett-ebenen Felder gehören der Vergangenheit an.

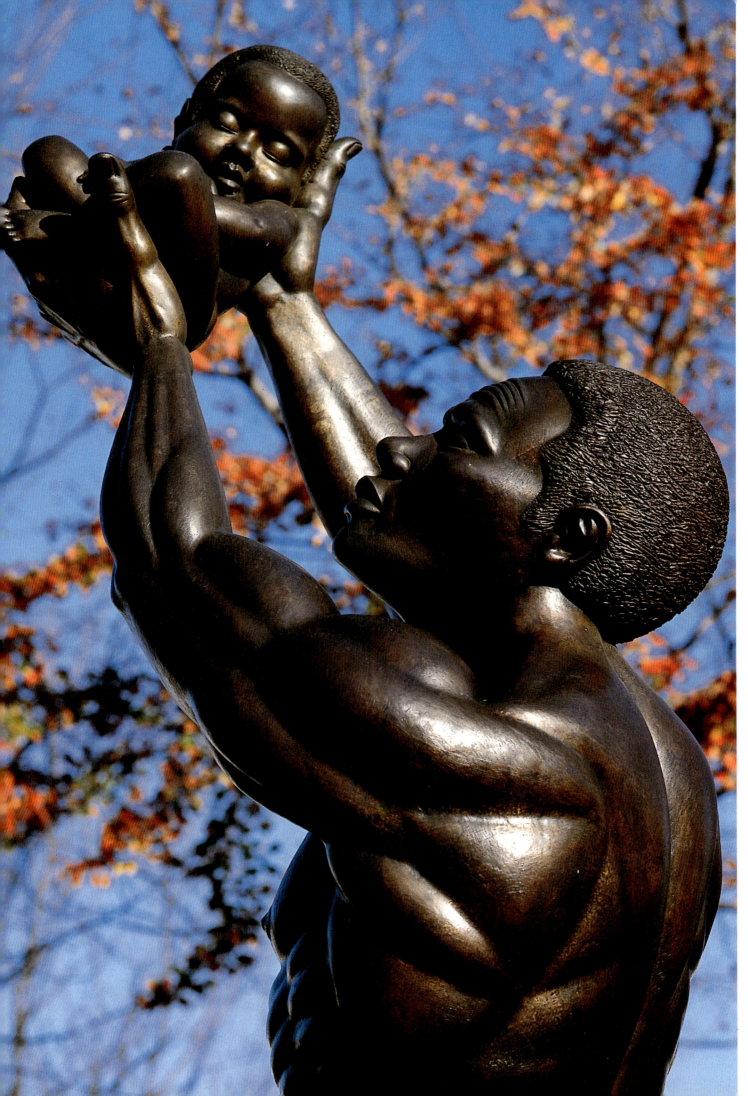

Plantagenwirtschaft, Monokultur und Sklaverei sind die Erblasten, an denen der Süden immer noch trägt. In Atlantas Auburn Street, dem schwarzen Mekka der 20er und 30er Jahre, drücken sich in Plastiken, Wandgemälden und kulturellen Einrichtungen die Sehnsüchte, Wünsche, Ansprüche und Forderungen der selbstbewußten schwarzen Gemeinde aus.

Veranden von Pflanzervillen in Natchez, Mississippi. Die Dunleith Mansion (oben) läßt Besucherinnen und Besucher von einer Wohnkultur in feudalem Luxus träumen, den sich heute nur noch die wahrhaft Reichen leisten können.

Während der »Natchez Pilgrimage« im Frühjahr und im Herbst öffnen private Besitzer ihre Villen für Besucher. Ladies in Krinolinen führen durch die Räume und servieren Candlelight Dinners.

D'Evreux Plantation, Natchez, Mississippi. Die Veranden mit ihren pompösen griechischen Säulen dienten der Repräsentation, aber auch dem Wohnkomfort. Sie boten Schutz vor den tropischen Gewittern des Südens und ermöglichten es, das Haus auch während starker Regenfälle zu lüften.

Mit unzähligen Festivals, Erinnerungsfeiern, Heritage Days und Gedenktagen wird im Süden die glorreiche Vergangenheit der Zeit vor dem Bürgerkrieg heraufbeschworen, hier auf dem Spring Festival in Port Gibson, Mississippi.

An Nachwuchs für die Rolle der Southern Belle, die auf unzähligen Festivals und Feiern zu besetzen ist, fehlt es im traditionsbewußten, geschichtsbessenen Süden nicht.

Gone With The Wind

Kein Roman- und Filmepos hat die Herzen der Menschen rund um die Welt stärker berührt als Margret Mitchells kolossale Schnulze »Gone With The Wind« – Vom Winde verweht. Als junge Journalistin sah sich Mitchell 1926 aus gesundheitlichen Gründen gezwungen, ihre Stelle beim »Journal Sunday Magazine« in Atlanta aufzugeben. Sie stammte aus einer alteingesessenen Familie, interessierte sich deshalb für die Geschichte Atlantas und fing an, Episoden und Anekdoten aus der Zeit des Bürgerkriegs zu sammeln. 1935 gab sie dem Lektor des Macmillan Verlags zu lesen, was sie – unsystematisch – zusammengetragen hatte. Und Macmillan griff zu. Mitchell verbrachte drei Monate damit, ihre Textsammlung in Romanform zu bringen. 1936 erschien sie unter dem Titel, der zum Inbegriff des Liebesromans geworden ist.

Margret Mitchell hat in ihrem Roman alle literarischen Sünden begangen, die man der »Mondschein- und Magnolien-Romanze« vorwirft. Sie idealisiert die Weißen, die Plantagen- und die Sklavenwirtschaft. Sie stellt die Sache der Südstaatler als einen kulturellen Kreuzzug dar und die Schwarzen als Menschen zweiter Klasse. Sie heroisiert die Liebe eines weißen Paars der Oberschicht – die Schwarze und arme Weiße gleichermaßen ausbeutete. Die Verfilmungsrechte trat sie für 50.000 Dollar dem Hollywood-Produzenten David O. Selznick ab, verweigerte aber die Mitarbeit am Drehbuch, weil sie sich nicht der Verkitschung ihres Werks à la Hollywood schuldig machen wollte. Selznick hatte freie Hand – und tat, was Mitchell befürchtete: Er peppte die Vorlage auf, machte die Villa »Tara« größer, die Bälle rauschender, die Helden heldenhafter, die Schurken schurkischer. Aber der Film entpuppte sich – wie zuvor der Roman – als absoluter Hit, als einer der erfolgreichsten Streifen der Filmgeschichte überhaupt. Selznik war klug genug gewesen, Scarlett O'Hara nicht auf die Figur der leidenschaftlich-unglücklich Liebenden zu reduzieren. Er folgte Mitchells Vorlage und stellte Scarlett auch als eine Frau dar, die sich mit Mut und Zähigkeit gegen den wirtschaftlichen Untergang stemmt. Er ließ sie den Kampf bestehen und damit den amerikanischen Traum erfüllen: daß es jeder schafft, das Glück zu seinen Gunsten zu wenden, wenn er nur daran glaubt. Der Film kam 1939 in die Kinos. Noch saßen den Menschen Schrecken und Entbehrungen der Weltwirtschafts-

Margret Mitchell – die Autorin von »Vom Winde verweht«.

Szenen aus dem Bürgerkriegsepos »Vom Winde verweht« – die Hauptdarsteller Vivien Leigh als Scarlett O'Hara und Clark Gable als Rhett Butler sind eines der berühmtesten Liebespaare der Filmgeschichte.

krise in den Knochen. Und in Europa drohte ein Krieg. Nichts waren sie deshalb begieriger zu hören als die Botschaft, daß überleben kann, wer die Anstrengung dazu bloß auf sich nimmt. Scarlett O'Haras Überlebenskampf wurde als der Überlebenskampf des Südens nach einer doppelten Niederlage verstanden, der Niederlage im Bürgerkrieg und in der Wirtschaftskrise, die ganze Regionen in Hungergebiete verwandelt hatte. Als Preis für Aufopferung, Mut und zähe Beharrlichkeit winkt der Sieg, war die Botschaft des Streifens. Das, meinte ein Kritiker aus Philadelphia müsse man wohl als eine Lehre sehen für die ganze Nation. Auch Europa sah darin eine ermutigende Parabel. Die Welt belohnte Mitchell und Selznick für ihren Mut und ihre zähe Beharrlichkeit mit einer Millionenflut von Dollars.

Weites Land im Süden – eine zeitgenössische Darstellung.

MYTHOS UND WAHRHEIT

VOM WINDE VERWEHT

CLARK GABLE · VIVIEN LEIGH · LESLIE HOWARD · OLIVIA deHAVILLAND

Zum 50. Geburtstag des erfolgreichen Streifens der Filmgeschichte lud die Coca-Cola Company 1990 zur Re-Premiere nach Atlanta ein – Bälle, Scarlett O'Hara und Rhett Butler-Ähnlichkeitswettbewerbe, Besichtigungstouren durch Pflanzervillen. Der Produzent David O. Selznick hatte 1939 ein Heer von Spezialisten beschäftigt, um historische Einzelheiten zu klären. Waren, zum Beispiel, in den Militärlazaretten des Bürgerkriegs schon Fieberthermometer im Gebrauch? Trotz seiner Detailtreue erzählt der Streifen wenig über den wirklichen alten Süden. Der Konflikt zwischen den Nord- und den Südstaaten stellt er verharmlosend als Gegensatz zweier rivalisierender Gesellschaftssysteme dar. Die Sklaverei – halb so schlimm. Damit stützt »Vom Winde verweht« noch heute den Mythos von der »verlorenen Sache«, von der besseren Welt, die mit dem Sieg der Nordstaaten untergegangen sei.

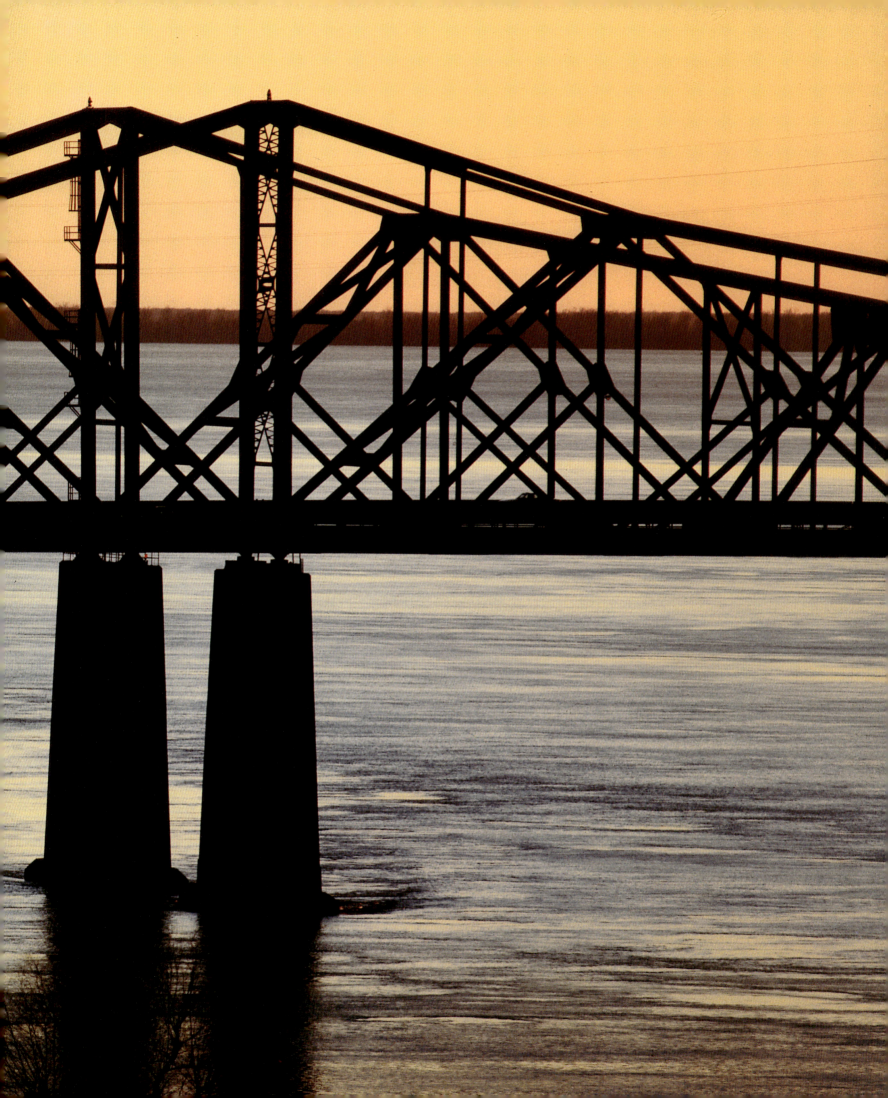

Die weißen Strände beim Biloxi Lighthouse zählen zu den schönsten am Golf von Mexiko.

Der goldene Fischer am Strand von Biloxi erinnert daran, daß der Baumwollstaat Mississippi Seehäfen und eine Fischereiflotte besitzt.

Seite 66/67: Die Mississippi River Bridge von Natchez. Menschen und Güter überqueren den Ole Man River, der lange magische Grenze und Hindernis bei der Expansion nach Westen war, auf vielen weitgespannten Brücken.

Weite, Raum, Ellbogenfreiheit
– der Süden östlich des Mississippi gehört zu den dichter besiedelten Regionen der USA. Den Reisenden aus Europa überwältigt er immer wieder mit unberührten Landschaften und weiten, leeren Stränden wie hier am Mississippi und an der Golfküste.

KARIBISCHER STRAND UND SPIEGEL-KABINETTE

Karibischer Strand und Spiegelkabinette

Die lange Reise von New Orleans zur Atlantikküste fängt mit einem Paukenschlag an, mit dem Causeway über den Lake Pontchartrain, einem vierzig Kilometer langen weißen Band aus Beton in einem Meer von Blau – blau der Lake, blau der Himmel, über dem Horizont ein schmaler Saum blendend weißer Wolken. Bei Bay St. Louis stößt der Highway 90 an die Küste: weiße Villen in lichten Nadelwäldern, weißer Sand, den der Wind auf der Straße zu flachen Verwehungen zusammenträgt. Der Highway führt durch das Delta des Pascagoula River, schwingt sich in kühnem Bogen über die grasbestandene, von Wasserläufen durchzogene Mündungsebene. Im Delta des Mobile und des Tensaw River leuchten hellgrün die Zypressen im tiefblauen Wasser. Alabama. Erdnußfelder, Wald, Holzplantagen, Obstkulturen. In der Südostecke Georgias werden Straßennetz und Besiedlung dünn und dünner. An der Straße von Fargo zum Okefenokee Swamp weiden Hirsche, Truthahngeier sitzen in den Bäumen. Der Okefenokee Swamp ist mit fast tausend Quadratkilometern das größte Süßwasserfeuchtgebiet der Vereinigten Staaten. Man durchstreift es im Boot – und wird die Eindrücke nie mehr los. Das Brüllen der Alligatoren in der Morgenstille, das ohrenbetäubende Schrillen, Quaken, Läuten der Frösche, das Geschrei der Vögel in der Nacht. Die Spiegelungen der Zypressen und Teichrosen im völlig unbewegten Wasser verwandeln die Wildnis in ein Spiegelkabinett, in dem man den Sinn für oben und unten, für links und rechts verliert. Okefenokee ist eine Landschaft, die tief berühren kann. Auf einer spiegelnden, für das Auge undurchdringlichen Oberfläche gleitet man über unbekannte, dunkle Tiefen, in denen das Leben brodelt, wo sich aber auch der Tod verbirgt. Es ist wie eine Fahrt durch das Unbewußte. Nach ein paar Tagen reißt man sich erschüttert los und stürzt sich in Savannah, Georgia, in die Zivilisation.

Der Okefenokee Swamp Park ist ein Refugium für viele Tierarten und vor allen Alligatoren.

Der Hunting Island State Park vor der Küste von South Carolina.

Charleston, die lebensfrohe Hauptstadt des Südens.

Seite 70/71:
On the Road. In Freiheit unterwegs sein und sich gleichzeitig nach zu Hause sehnen – dieses Lebensgefühl des Südens hat im Blues und in der Country Music Ausdruck gefunden.

Küstenstädte – Savannah und Charleston

Savannah strömt etwas Friedvolles aus, als lebte der Geist seines menschenfreundlichen Gründers James Edward Oglethorpe noch in den Straßen, als wäre die Zeit, da Savannah Hauptstadt der Kronkolonie Georgia, Handelshafen und Sklavenmarkt war, nur Episode gewesen. General Tecumseh Sherman, die Geißel Georgias im Bürgerkrieg, marschierte 1864 kampflos in Savannah ein. Er

Karibischer Strand und Spiegelkabinette

schenkte die Stadt symbolisch dem Präsidenten Abraham Lincoln zu Weihnachten. Savannah, in Oglethorpes Utopie ein sklaven- und alkoholfreies Refugium für Schuldgefangene, blieb von Zerstörung verschont. Anders Charleston, die lebensfrohe alte Hauptstadt des Südens, in der, wie ein Reporter schrieb, »die Rebellion hochmütig ihr Haupt erhoben hat«. Charleston lag nach dem Bürgerkrieg in Trümmern. 1886 zerstörte ein gewaltiges Erdbeben die neu aufgebaute Stadt, nach der Jahrhundertwende vernichteten Hurrikane die Reiskulturen. Es war, als müßte Charleston für seine Rolle im Krieg bitter büßen. Bis zum Zweiten Weltkrieg dämmerte die einst fünftgrößte Stadt des Kontinents als bedeutungsloser Provinzhafen vor sich hin. Dann kam die Marine, und das Geld floß in Strömen. Tausende von Arbeitsplätzen entstanden, Charlestons Hafen wurde zum viertgrößten Containerumschlagplatz der Nation. Die Gesellschaft zur Erhaltung historischer Wohnhäuser hatte schon in den zwanziger Jahren damit begonnen, die alte Bausubstanz der Stadt zu renovieren und damit die Grundlage für eine blühende Tourismusindustrie geschaffen. Schicke Ladenstraßen, Restaurants, Parkanlagen, Konzerte, Festivals, weiße Palmenstrände ziehen jährlich Abertausende zur »Perle am Atlantik«. An der Folly Beach, auf den Sea Islands, die sich in einer langen Kette bis nach Georgia hinunter ziehen, fühlt man sich wie in der Karibik. Seit dem Ende des Kalten Krieges plagen Charleston allerdings wieder arge Sorgen. Mit dem Abbau der Flotte gingen Arbeitsplätze verloren, die nationale Bedeutung der Stadt nimmt ab, zum drittenmal in seiner Geschichte steht Charleston vor einer Krise, die das Ende seines blühenden Wohlstandes bedeuten kann. Der wahren, der eigentlichen Hauptstadt des Südens konnte das dramatische Auf und Ab der Geschichte nichts anhaben. Atlanta, unbestrittener Star der Südstaatenstädte, hatte sich nur einmal in seiner Geschichte der Armee angedient und damit bittere Erfahrungen gemacht: Im Bürgerkrieg war die Eisenbahnstadt am Chattahoochee River Etappenort und Versorgungszentrum der konföderierten Truppen gewesen – General Sherman hatte sie dafür niedergebrannt. Nach dem Krieg ging Atlanta den Weg weiter, den es seit seiner Gründung zielbewußt

Ein amerikanisches Kriegsschiff vor der Küste von Alabama bei Mobile.

Savannah, die Gartenstadt im Süden Georgias, blieb im Bürgerkrieg verschont – das lebenslustige Charleston, South Carolina, mußte für seine Rolle bitter büßen.

beschritten hatte: den Weg zum Verteil- und Kommunikationszentrum der Region und zum wichtigsten Verkehrsknotenpunkt des Südens.

Coca-Cola und Olympia

Atlanta – die Heimatstadt von »Coca-Cola«

Unter den zehn besten Städten für Business in der Hitliste der Zeitschrift »Fortunes« ist Atlanta seit Jahren unter den Top-Five. Das Rennen um die Sommerolympiade 1996 gewann es mit mehr als einer Nasenlänge Vorsprung auf die Mitkonkurrenten. Denn Atlantas Infrastruktur – von den Kongreßzentren, Hotels, Warenmärkten, Sportstadien bis zur Untergrundbahn und dem Flughafen – stammt aus den siebziger, achtziger und neunziger Jahren und ist damit brandneu und up to date. Atlanta ist neben Dallas, Texas, der Inbegriff der neuen, der High-Tech-Stadt. Ein Heer von Polizisten sorgt dafür, daß das Geschäftsviertel sauber und sicher bleibt. Die ungelösten sozialen Probleme – Obdachlosigkeit, Armut, Kriminalität – bleiben in die schwarzen Viertel südlich und westlich des Geschäftszentrums verbannt. Nichts stört die Ruhe der Manager, Spekulanten, Politiker und Touristen zwischen den glänzenden Wolkenkratzern der Peachtree Street.

Die Midtown von Atlanta ist von moderner Hochhausarchitektur geprägt.

Die Heimatstadt von Martin Luther King

Die Auburn Street im Osten von Atlanta downtown erinnert daran, daß auch der Shooting Star unter den Städten der Region von Rassenkonflikten nicht verschont war. Ähnlich wie die Beale Street in Memphis hatte sich die Auburn Street zu einem Zentrum des schwarzen Wohlstandes entwickelt. Atlantas schwarze Bevölkerung pochte nach dem Zweiten Weltkrieg selbstbewußt auf ihre Rechte, in den Jahren der Bürgerrechtsbewegung kam es zu schweren Spannungen. Besonnenen Leaders wie Martin Luther King jr. hat Atlanta es zu verdanken, daß es nicht wie viele andere Städte in einen Strudel von Gewalt und Zerstörung gerissen wurde. Auch die Wirtschaft trug zur Entspannung bei. Als Atlantas Stadtväter sich weigerten, die weißen Schulen für Schwarze zu öffnen, drohte Coca-Cola die Stadt zu verlassen. »Coke mag den Frieden und die Ruhe. Es ist an Atlanta zu entscheiden, ob Coke bleibt.«

Martin Luther King jrs. Geburtshaus und sein »Zentrum für gewaltfreien sozialen Wandel« in »Sweet Auburn«, Anziehungspunkt für

Karibischer Strand und Spiegelkabinette

unzählige Touristen, erinnern daran, daß Atlantas Glanz auch ein trügerischer ist, daß die swingende karibische Atmosphäre an Charlestons Stränden nicht dem Lebensgefühl aller Bewohner Georgias entspricht. Denn Georgia ist nicht nur einer der modernsten und erfolgreichsten Staaten der USA, es ist in manchen ländlichen Counties auch einer der rückständigsten. Noch Mitte der achtziger Jahre führte der weiße Rassenhaß im Forsyth County zu Protestmärschen und gewaltsamen Auseinandersetzungen zwischen Bürgerrechtskämpfern und dem Ku Klux Klan.

Seit 1912, als eine weiße Frau von Schwarzen vergewaltigt und getötet worden war, hatte kein Schwarzer mehr im County wohnen können. Bis heute ziehen es schwarze Ausflügler vor, in Forsythe durchzufahren und nicht einmal zum Auftanken anzuhalten. Die schwarzen Bewohner des Terrel County wissen, daß sie auch heute noch nach Einbruch der Dunkelheit von den Straßen zu verschwinden haben. Nichts deutet darauf hin, daß sich solches bald ändern wird. Überall im Land wird zwar ein erbitterter Kampf um political correctness geführt. Zunehmend wird von Schwarzen und Weißen jedoch als Tatsache akzeptiert, daß Minderheit und Mehrheit nicht zusammen-, sondern nebeneinander herleben. Getrennte und ungleiche Gesellschaften in einem demokratischen Staat – was Martin Luther King jr. bestimmt mit Vehemenz bekämpft hätte, stößt im Süden dreißig Jahre nach der Bürgerrechtsbewegung nur noch auf resignierte Gleichgültigkeit.

Das Grab des Bürgerrechtlers Martin Luther King jr.

Der High-Tech-Staat Georgia ist zugleich einer der rückständigsten der Region.

Die Edmund Pettus Bridge in Selma, Alabama, wo die Polizei am 7. März 1965 einen friedlichen Protestmarsch von Bürgerrechtlern mit brutaler Gewalt auflöste.

Fort Condé, die französische Stadtfestung von Mobile aus dem Jahr 1735.

Atlanta downtown mit seinen Bürotürmen, die stillgelegte Stahlhütte Sloss Blast Furnace in Birmingham (rechts oben), Industriebauten in Childerburg (rechts unten) - Zeugen des Wandels im Süden.

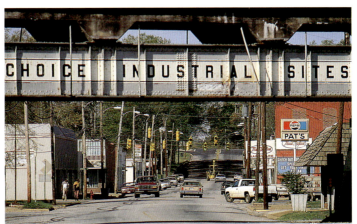

Das Gesetz ist allgegenwärtig im Süden. In manchen Kleinstädten sorgt selbstherrlich und manchmal ziemlich rüde immer noch der Sheriff für Recht und Ordnung.

Die siebzehn Meter hohe Vulcanus-Statue in Birmingham, Alabama, erinnert an die große Vergangenheit der Stadt als einen der bedeutendsten Standorte der Schwerindustrie der Welt.

Birmingham, Alabama, einst Zentrum der Roheisenproduktion, ist heute eine Handels- und Dienstleistungsstadt und zieht Zuwanderer aus dem Norden an.

Midtown Atlanta.
In der alten Wohnstadt zwischen Downtown Atlanta im Süden und Buckhead im Norden schießen Bürotürme aus dem Boden. Die High-Tech-Stadt ist immer noch auf Wachstumskurs.

Downtown Atlanta. Eine Stadt wird umgebaut. Wo heute Autos parken, steht morgen ein Wolkenkratzer.

Seite 80/81:
Atlanta ist der Shooting Star unter den Städten im Süden. Seit seiner Gründung Verkehrsknotenpunkt und Handelszentrum, haben es Unternehmer, Politiker und Planer verstanden, Atlanta zur Drehscheibe der Region zu machen.

Der Glanz der goldenen Kuppel des State Capitols wird vom leuchtenden World of Coca-Cola Pavilion überstrahlt.

Unten und Seite 83: Der World of Coca-Cola Pavilion erzählt die Geschichte von Coke, das vom Atlantaer Apotheker John S. Pemberton 1886 erstmals zusammengemischt wurde und seit Jahrzehnten Atlantas Stadtkasse mit Steuermillionen füllt.

In der Citadal am Ashley River in Charleston werden die Rekruten der Militärakademie von South Carolina ausgebildet.

Sturdivant Hall, ein Pflanzerhaus (oben links) in Selma, Alabama, und das State Capitol (oben rechts) in Montgomery, Alabama, geben einen Eindruck vom Reichtum und vom Selbstbewußtsein der weißen Oberschicht im Vorkriegs-Süden.

Die alte Zitadelle in der Innenstadt von Charleston, South Carolina, wurde 1822 nach dem mißglückten Aufstand des Sklaven Denmark Vesey als Garnison errichtet.

In den Gärten des Coca-Cola-Königs Walter D. Bellingrath bei Mobile, Alabama, blühen das ganze Jahr über exotische Blütenpflanzen wie die prächtige Heliconia psittacorum (oben).

Rhododendron schmückt die Gartenanlagen vieler Pflanzerhäuser des Südens und blüht entlang dem Blueridge Parkway, der Panoramastraße auf dem östlichsten Appalachenkamm.

Der Okefenokee Swamp in Süd Georgia ist das größte Süßwasser-Feuchtgebiet der USA. Auf den spiegelnden Wasserläufen blühen See- und Teichrosen. Tausende von Alligatoren leben im Swamp, gut getarnt im hellgrün leuchtenden »Duckweed«, der Wasserlinse.

Ein Mövenschwarm kreist kreischend um einen Fischkutter vor Mobile, Alabama.

In einem seichten Flußarm bei Beaufort, South Carolina, lauert ein Reiher auf Beute.

88

Auf den Sea Islands, den Inseln vor der Küste South Carolinas, herrscht karibische Atmosphäre. Auf Hunting Island bei Beaufort wurde ein State Park eingerichtet, die benachbarte Fripp Island ist eine schwer bewachte Residenz der Reichen.

An der Spitze der schmalen Landzunge, die sich von Osten vor die Mobile Bay schiebt, liegt der Flecken Fort Morgan in einer einsamen Dünenlandschaft.

Hilly Billy
Rock 'n' Roll
Baumwolle
und Bibeln

Hillybilly, Rock'n Roll, Baumwolle und Bibeln

Nashville, Tennessee, Country Music Hall of Fame. Um das Originalmikrophon der Radio Live Show »Grand Ole Opry« schart sich ein halbes Dutzend Kinder. Ein dicker Junge tritt vor, er trägt eine Glitzerjacke mit einem Smokingkragen. Er wackelt mit den Hüften und singt »Love me tender«, die Mädchen singen mit, sie verdrehen schmachtend die Augen. Elvis! King of Rock'n'Roll! Er war kein Countrysänger im eigentlichen Sinn, doch als der Hauptheilige im Himmel der amerikanischen Musik steht er für Größe und Ruhm, und nach Ruhm streben Tausende, die Jahr für Jahr nach Nashville pilgern. Im geschniegelten Cowboy Look treten sie vor den Produzenten an und versuchen, ihnen die tausendste Variante der immer gleichen Themen und Melodien als ein neues Lied zu verkaufen.

Nashville – Hauptstadt der Country-Music

Warum nicht? Jonny Cash, Amerikas lebende Legende, schaffte es, aus dem Nichts zu Ruhm und Reichtum aufzusteigen. Loretta Lynn verbrachte eine Jugend in Armut und Hunger, heiratete mit dreizehn, hatte mit zwanzig vier Kinder, wurde Country-Sängerin und ein Star, weil sie, wie es in ihrem Museum heißt, »anders nicht konnte«. Vorbilder, Idole, Traumgestalten. Etwa zwanzigtausend Möchtegernstars versammeln sich alljährlich in Nashville und tragen den Produzenten und Talentsuchern in der Music Row über hunderttausend Songs vor. Doch von den vielen schafft es vielleicht einer, eine, im Hollywood der Country-Music Fuß zu fassen. Vor das Mikrophon der echten »Grand Ole Opry« im Vergnügungspark Opryland zu treten, bleibt für die anderen ein so unerfüllbarer Traum wie für die Knirpse im Museum.

Von zehntausend Möchtegern-Stars schafft einer den Sprung auf die Bühne der Grand Ole Opry in Nashvilles Opryland.

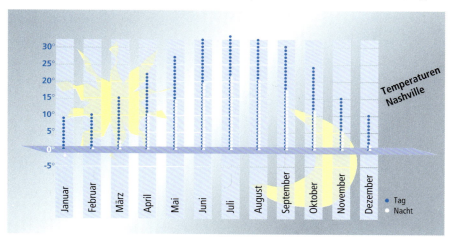

Die »Grand Ole Opry« ist keine Oper, sondern ein Radioprogramm. In den zwanziger Jahren startete die Versicherungsgesell-

Seite 92/93: Endlose Wälder dehnen sich im Great Smoky Mountains National Park, dem größten Park des Südens im Herzen der Appalachen.

schaft National Life and Accident in Nashville als Werbemaßnahme einen Radiosender und klaute von einer Chicagoer Station die Erfolgsidee, eine Musikshow, die in Anlehnung an die samstäglichen Tanzveranstaltungen der Landbevölkerung den Namen »Barn Dance« trug. Nach einer Sendung mit klassischer Musik kündigte der Moderator das Programm 1927 einmal mit den Worten an: »In der letzten Stunde haben wir Musik gehört, die von der Grand Opera (der großen Oper) stammt, jetzt aber präsentieren wir die Grand Ole Opry!« Ein Markenzeichen war geboren. Die »Grand Ole Opry« wurde zur Talentschmiede der Country Music, zum Traumziel der Countrysängerinnen und -sänger. 1974 zog sie, inzwischen die beliebteste TV-Show der Nation, nach Opryland um, einem Hotel- und Kongreßzentrum mit einem Vergnügungspark à la Disneyland. Hunderte von Music- und Westernshows gehen hier jährlich über die Bühne, viele gratis; für die »Grand Ole Opry« im Opry House muß man Tickets lange im voraus kaufen.

Die »Sun Studios« in der Onion Street in Memphis.

In Autobussen lassen sie sich zu den Villen von Jonny Cash, Loretta Lynn, Conway Twitty, Dolly Parton fahren, zahlen happige Eintrittspreise, stehen hingerissen vor den Swimmig Pools und Himmelbetten ihrer Idole, sie lassen sich Souvenirs andrehen, sie kaufen massenhaft Platten, in der Country Music Hall of Fame stehen sie vor Elvis Presleys rosa Cadillac so andächtig wie vor einem Altar. Die Country Music Fans sind die Milchkühe einer Branche, die kräftig zu melken weiß. Nashvilles Musikindustrie setzt jährlich etwa drei Milliarden Dollar um und beschäftigt zwanzigtausend Personen. Weit über dreitausend Radiostationen in den Vereinigten Staaten und Kanada senden ausschließlich Country-Music. Um in der Konkurrenz mit Rock und Pop zu bestehen, glätteten die Produzenten Nashvilles allerdings den Sound von Bluegrass, Cajun und Zydeco, ersetzten die schrille Fiedel durch die brave Geige, die jammernde Steelguitar durch den Allerweltsklang elektrischer Gitarren und mixten Hillybilly so lange mit Schlager, Pop und Softrock, bis der »Blues der Weißen« zu leicht zu schluckendem Sirup verdünnt war. Zeitweise distanzierten sich Nashvilles Plattenproduzenten gar vom Markenzeichen »Country«, um die städtischen Käuferschichten nicht zu vergraulen, die Intelligenzia, die Hillybilly als die Musik der Rednecks verachtet. Für Millionen von Europäern bedeutet Country Music trotzdem Amerika schlechthin. Verlorenheit in der Weite des Kontinents, Sehnsucht nach

Um der Dollars willen verdünnten Produzenten Bluegrass und Hillybilly zu leicht zu schluckendem Sirup.

Geborgenheit in Tradition, Kirche, Familie hören sie aus ihren Texten und Melodien heraus. Es ist das Lebensgefühl des Südens, das Europas Country-Fans anrührt und bewegt.

Religion als ständiger Wegbegleiter

Nashville lebt nicht von der Musik allein. In der Hitparade der zehn besten Städte für Business der Zeitschrift »Fortunes« belegt es Platz fünf. Über zweihundertfünfzig Firmen haben sich in den letzten Jahren in Tennessees Hauptstadt niedergelassen. Nashville ist auch ein Zentrum der Druckindustrie – hier, am Hauptsitz vieler protestantischer Kirchen, werden mehr Bibeln gedruckt als irgendwo in den USA.

Bibeln. Der fromme Süden wird noch heute als »Bible Belt« verspottet. Die »Schnalle am Bibelgürtel«, heißt es, sei Memphis. Die Stadt im engen Winkel zwischen Mississippi River und der Grenze zu Mississippi State besitzt einen der wichtigsten Häfen am Ole Man River und ist Sitz der regionalen Baumwollbörse. Als Memphis 1819 von Landspekulanten gegründet wurde, deutete allerding nichts darauf hin, daß einmal etwas daraus werden könnte. Memphis machte sich unter dem Namen »Bluff City« einen zweifelhaften Namen als gesetzlose Grenzstadt. Seine große Stunde schlug erst, als der Baumwollanbau den Mississippi erreichte. Memphis entwickelte sich zu einem Handelszentrum mit einem der größten Sklavenmärkte des Südens. Nach dem Bürgerkrieg ruinierten Gelbfieberepidemien den Handelsplatz. Memphis verödete und verwandelte sich unter dem Ansturm der hinterwäldlerischen Landbevölkerung in eine Hochburg der fundamentalistischen Frömmler.

Die Schwarzen, die sich niederließen, bauten trotz Rassismus und Segregation eine schwarze Stadt in der Stadt auf, ein Zentrum schwarzen Wohlstandes und schwarzer Kultur. Die Beale Street wurde zum Anziehungspunkt unzähliger schwarzer und weißer Musiker. W. C. Handy machte hier den ländlichen Folk Blues populär, viele Jahre später trat Elvis Presley an der Beale Street vor sein erstes größeres Publikum.

Auf Mud Island, Memphis, kann man die Geheimnisse des Ole Man River an einem maßstäblichen Modell ergründen.

Memphis ist ein Zentrum der Druckindustrie und besitzt einen der wichtigsten Häfen am Mississippi.

Beale Street, Memphis, die Straße der Clubs und Music Halls.

Nichts zieht mehr Menschen nach Memphis als Graceland, die Villa des King of Rock'n'Roll. Über eine halbe Million Besucher gehen jährlich durch die Räume, in denen Presley von 1957 bis zu seinem Tod, 1977, lebte. Sie stehen bei seinem Grabstein im Park hinter der Villa, die Oldies unter ihnen erinnern sich wohl an die Verzückungen ihrer Jugend, an die Wonne, dem King zu Füßen zu liegen, und verdrücken still ein Träne.

The King of Rock'n' Roll

Elvis' Statussymbol war nicht das Herrenhaus, sondern der rosarote Cadillac. Der King ist den Träumen seiner bescheidenen Herkunft treu geblieben.

Presley ist allgegenwärtig in seinem Haus und in seinem Garten. Für die einen sind es die Cadillacs, die ihnen den am meisten vergötterten Star Amerikas wieder lebendig machen, für die anderen die Glitzerkostüme in den Vitrinen des Trophy Rooms. Was anrührt ist aber vor allem die Villa selbst. Sie ist kein Pflanzerhaus, sie gibt nur vor, eines zu sein. Sie protzt mit einer Säulenfassade von 1939. Innen ist sie eng. Um die Räume höher scheinen zu lassen, zog der King of Rock'n'Roll in der Bar eine Spiegeldecke ein. Nichts Königliches an diesem Interieur. Es verrät den Kleinbürger, der zu Geld gekommen ist, der – reich wie Krösus – von der Welt des wahren Geldes nichts weiß. Presley war ein ungebildeter Junge aus dem Hinterland, und er ist es geblieben. »In Elvis' Musik lag das Drama eines Menschen, der sich zu befreien versucht – von den Beschränkungen durch Familie, Gesellschaft, Sexualität und Rasse«, sagt der amerikanische Rockjournalist Greil Marcus in einem Interview der »Zürcher Weltwoche«. »Da sagte einer: Nein, nichts von alledem definiert mich, ich werde mich selbst erfinden, aus dem Nichts heraus.« Es gelang ihm nicht. Er stieg aus dem Nichts zu sagenhaftem Ruhm auf, stürzte ab in Krankheit und Sucht und erstickte in Fettleibigkeit, dem Stigma des verachteten »white trash«, der weißen Kleinbürger, für die der amerikanische Traum stets eine Fata Morgana war. Er war einer der Ihren geblieben. Die rosa Cadillacs bedeuteten ihm mehr als das getürkte Pflanzerhaus. Dafür liebten sie ihn, sie lieben ihn noch und kaufen bis heute seine Platten, von denen mehr über den Ladentisch gegangen sind als von den Beatles, den Rolling Stones, von Barbara Streisand und Elton John. Insofern ist der King König geblieben.

Das Elvis-Presley-Denkmal in der Beale Street Memphis – in den Club's dieser Straße fand er sein erstes größeres Publikum.

Eine riesige Brücke spannt sich bei Memphis, Tennessee, über den Mississippi.

Appalachen-Waldlandschaft - im Great Smoky Mountains National Park.

Memphis, die Mississippi-Hafenstadt zwischen Little Rock und Nashville, ist ein wichtiger Verkehrsknotenpunkt und Zentrum des regionalen Baumwollhandels und des Blues.

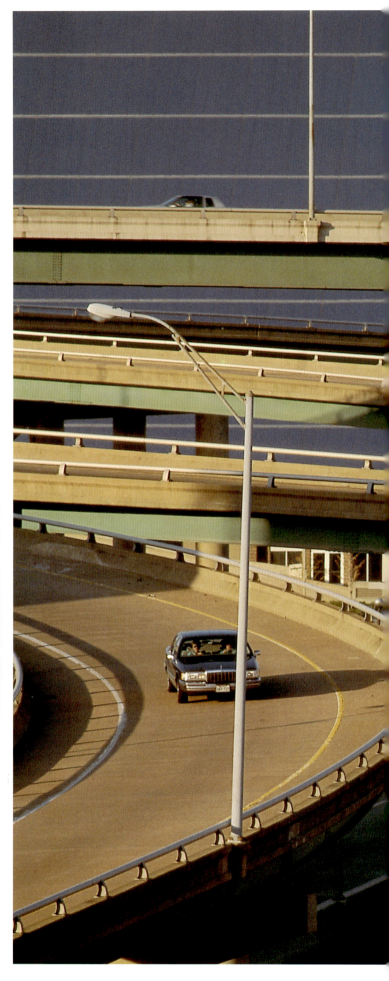

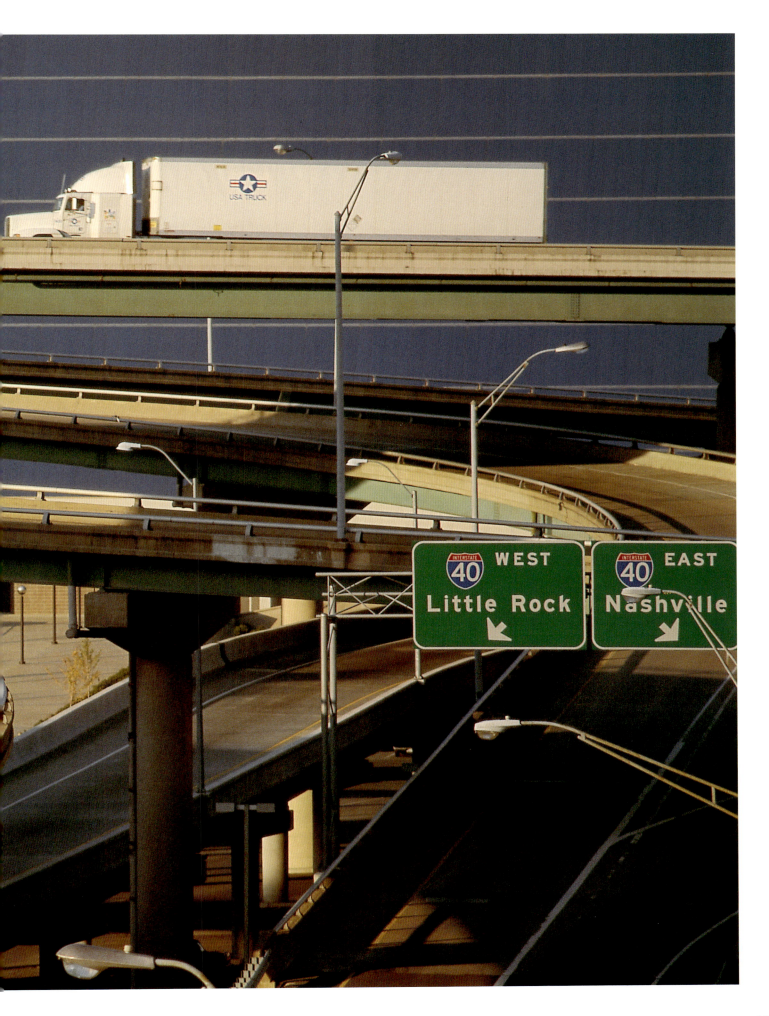

In Nashvilles
Opryland gehen
täglich Dutzende von
Konzerten und Live
Shows über die Bühne,
viele unter offenem
Himmel und für
die Besucher des
Vergnügungsparks
gratis.

Im Opryland Hotel,
einem Kongreßzentrum
mit über tausend
Zimmern und einer
mächtigen Lobby,
logieren Show- und
Countrystars,
Kongreßteilnehmer und
gutgestellte Touristen.

Die Lobby, hier im Peadbody Hotel in Memphis, ist das Vorzeigestück der modernen amerikanischen Großhotels. Manchenorts wurde sie nach dem Vorbild des Hyatt Regency Hotel in Atlanta zum vielstöckigen Atrium erweitert, das bis unters Dach reicht.

Mehr Eindruck als alte und neue Architektur macht für viele Besucher Elvis Presleys Grab im Park seiner Villa Graceland am Stadtrand von Memphis.

Die Beale Street, Schlagader des schwarzen Memphis, war in der ersten Hälfte des Jahrhunderts wie Harlem und die Auburn Street in Atlanta Zentrum des schwarzen Wohlstands und der schwarzen Kultur.

Andächtig wie vor einem Altar stehen Elvis' Fans vor seinem rosaroten Cadillac in der Music Hall of Fame in Nashville.

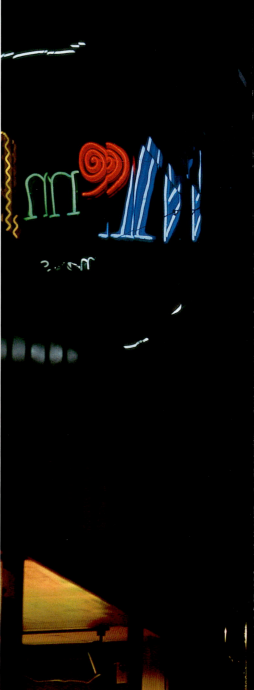

In den Clubs und Music Halls der Beale Street wurde der ländliche Delta-Blues in seine städtische Form gegossen und populär gemacht. Hier trat auch Elvis Presley zum ersten Mal vor einem größeren Publikum auf.

Nach den ersten Kälteeinbrüchen färbt sich das Laub in den tieferen Lagen des Great Smoky Mountains National Parks in den bunten Farben des Indianersommers.

Rauhreif kündigt den Winter an. Viele Bergbewohner der Appalachians flohen vor den harten Wintern ins Tiefland, nachdem das dünnbesiedelte Bergland durch Straßen erschlossen worden war.

Am Fuss der Blauen Berge – Virginia und North Carolina

Das Gesetz ist das Zentrum. Auf dem Platz, der die Stadtmitte bildet, steht in den kleinen Städten des Südens deshalb nicht die Kirche, sondern das Gerichtsgebäude. In Appomatox, Virginia, steht es mitten auf der Landstraße von Lynchburg nach Richmond – kein Weg führt am Gesetz vorbei. Clover Hill hatte der Weiler geheißen, bevor aus der Gegend im bäuerlichen Hinterland Virginias das County Appomatox gebildet wurde. Es gab in dem Landkreis keine bedeutendere Ansammlung von Häusern, bei der Suche nach einem Hauptort fiel die Wahl deshalb auf diese.

General Lee's Kapitulation – Das Ende des Bürgerkrieges

Das Gesetz steht aber nicht nur im Zentrum, es steht auch am Anfang. In Appomatox war die alttestamentliche Glaubensüberzeugung des Südens Wirklichkeit. Erst nachdem das Courthouse errichtet war, konnte der Flecken wachsen. Ein Laden wurde errichtet, eine Anwaltskanzlei. Der Ort brachte es auf hundertfünfzig Bewohner. Wilmer McLean war auf der Flucht vor den Schlachten im Norden Virginias nach Appomatox gekommen. Doch der Krieg holte ihn ein. Am 9. April 1865 wurden die konföderierten Truppen General Lee's bei Appomatox von den Unionstruppen eingeschlossen. Lee kapitulierte. Doch er unterschrieb die Kapitulation nicht im Courthouse, sondern im Wohnzimmer der McLeans. Er hatte nicht Unrecht getan, sondern nur einen Krieg verloren.

Der Raddampfer »Annabel Lee« am James River, Virginia.

Appomatox steht am Ende eines zerbrochenen und am Anfang eines noch nicht eingelösten Traums. Am Ende des Traums von einer feudalen Gesellschaft, die von niedriger Arbeit befreit ist, am Anfang des Traums von einer gerechten und menschenwürdigen Welt. Den allerdings träumten schon die Gründer der Südstaatengesellschaft. »Wir erachten diese Wahrheiten als selbstverständlich: daß alle Menschen gleich erschaffen sind, daß sie von ihrem Schöpfer mit unveräußerlichen Rechten begabt sind und daß zu diesen das Leben, die Freiheit und das Streben nach Glückseligkeit gehören.« Thomas Jefferson, Gründervater und dritter Präsident der Vereinigten Staaten, machte sich mit diesen in der Präambel der Verfassung niedergelegten Sätzen zu einem der geistigen Väter der französischen Revolution. Nicht

Seite 108/109: Das Drive-in-Theatre, hier in der Tabakstadt Winston-Salem, North Carolina, war bis in die sechziger Jahre fester Bestandteil und Inbegriff der amerikanischen Kultur.

Der Salon der Shirley Plantation in Virginia.

weit von Appomatox baute er – begabtester Architekt im Staat Virginia – während eines halben Lebens an seinem Landgut »Monticello«. Hier, schrieb er, wollte er im Kreise seiner Familie und seiner Freunde ein erfülltes Leben beenden. Jefferson besaß hundertzehn Sklaven, fünfzig davon waren Kinder. Die Sklaverei beklagte er als ein »abscheuliches Verbrechen«. Die fünf- bis zehntausend Nägel, die seine kommerzielle Nagelschmiede täglich produzierte, verkaufte er mit Gewinn in der Nachbarschaft. Seine schwarzen Schmiede waren zehn bis sechzehn Jahre alt. Sieben Sklaven schenkte er zu seinen Lebzeiten oder testamentarisch die Freiheit. Die anderen wurden verkauft, um Jeffersons Nachkommen das verschuldete Paradies zu erhalten.

North Carolinas Brain-Trust

Recht und Unrecht, Traum und Alptraum lagen im Süden immer nahe beieinander. North Carolina zum Beispiel versucht, seine Abhängigkeit von Tabak-, Textil- und Möbelindustrie zu lockern und setzt auf ein neues Produkt – auf Forschung und Bildung. Mit privatem Kapital und öffentlicher Unterstützung gründeten Politiker und Vertreter der Universitäten von Chapel Hill, Raleigh und Durham in den fünfziger Jahren den Research Triangle Park, einen Forschungspark, der Laboratorien und Entwicklungsabteilungen der Industrie anziehen soll. Die Universitäten stellen ihre Brain-Force zur Verfügung, die Wirtschaft sichert sich praxisnah ausgebildeten Nachwuchs. Bis heute haben sich mehr als fünfzig Forschungsinstitutionen auf dem 2000-Hektaren-Areal niedergelassen, darunter Giganten wie IBM, Glaxo oder das nationale Forschungsinstitut für Umwelt und Gesundheitsschutz. 32 000 Menschen sind im Park bei einer Jahreslohnsumme von über einer Milliarde Dollar beschäftigt. North Carolina ist zu einem der führenden Staaten im Bereich der Mikroelektronik und der Biotechnologie geworden.

North Carolina, abhängig von Textil-, Tabak- und Möbelindustrie, setzt auf ein neues Produkt: Bildung.

Im Städtedreieck Durham-Raleigh-Chapel Hill leben prozentual zur Bevölkerung mehr Akademiker als sonstwo auf der Welt. Die Arbeitslosigkeit in North Carolina liegt weit unter dem nationalen Durchschnitt. Trotzdem leben fünfzehn Prozent der Bevölkerung unter der Armutsgrenze. Und obwohl Durham und Raleigh für ihre Spitäler, die Hochschulen für ihre medizinische Forschung berühmt sind, ist die Kindersterblichkeit nirgends in den USA so hoch wie in North Carolina. Inseln von Reichtum in einem Meer von Armut. »Den

Am Fuß der Blauen Berge – Virginia und North Carolina

Reichtum zu verteilen gelingt im Süden schlechter als im übrigen Amerika«, meint ein Historiker der Universität von Chapel Hill. Der schmale Highway 626 führt von Monticello durch reiches hügeliges Farmland dem James River entlang nach Südwesten. Rote Erde, Mais- und Weizenfelder, Hecken, Weiden, verstreute Gehöfte, Zedernreihen erinnern an die Zypressen der Toscana. Bei Lynchburg hält man auf die Blauen Berge zu, den östlichen Kamm der Appalachen, und gelangt nach Natural Bridge Village. Eine Sammlung von Wundern, verspricht der Werbeprospekt, und zwar für die ganze Familie. Dreiundzwanzig Stockwerke hoch, von Wald bedeckt, von einem Flüßchen durchflossen, präsentiert sich die Felsenbrücke, die Jefferson dem König von England einst für 20 Schilling abgekauft hat. Ein Hotel, ein säulengeschmückter Souvenirladen, ein Museum of Wax gehören dazu. Wo die Wunder der Natur nicht wunderbar genug sind, den Touristenstrom schwellen zu lassen, wird der Kasse stets mit einem Wachsfigurenmuseum auf die Beine geholfen, mit Figuren aus der Geschichte. Nachts ist die Natural Bridge natürlich beleuchtet.

Thomas Jefferson kaufte dem britischen König ein Weltwunder für 20 Schilling ab und baute in der Nähe ein Wochenendhaus für seine Familie.

Der Blue Ridge Parkway führt vorbei am Glass Rock, North Carolina.

Natur pur auf 750 Kilometern – Der Blue Ridge Parkway

Eine Sammlung von Wundern. Von Waynesboro aus führt die Panoramastraße Skyline Drive in nordöstlicher Richtung durch den Shenandoah Nationalpark, nach Südwesten der Blue Ridge Parkway durch Virginia und North Carolina zum Great Smoky Mountain National Park an der Grenze von Tennessee. 750 Kilometer windet sich die Straße durch weitgehend unberührtes Land. Von Nordwesten branden in grünblauen Wellen die Appalachenkämme heran. Im Osten verlieren sie sich im Hügelland des Piedmont. Man ahnt die Städte Danville, Winston-Salem, High Point, Greensboro in der Ferne – Tabak- und Textilindustrie, Möbelfabriken –,

Am Fuß der Blauen Berge – Virginia und North Carolina

Chasteen Creek im Great Smoky Mountain National Park.

man fliegt in Gedanken über die Küstenebene, die in der Sommerhitze dampft, Richmond, Norfolk, die Inselkette von Cape Lookout und Cape Hatteras, wo sich die Surfer in den Wind und in die Wellen stürzen. Zwanzig Millionen Besucher fahren den Blue Ridge Parkway jährlich ganz oder teilweise ab, die meisten im Sommer oder im Herbst, wenn die Laubbäume in allen Farbtönen leuchten. Im Frühjahr liegt die Straße verlassen. Bei ihrem Auf und Ab über den endlosen Bergrücken überwindet sie große Höhenunterschiede, durchfährt man die Frühlingsblüte in allen Stadien. Kaum belaubt die Buchen und Eichen in den höheren Lagen, in tieferen Meile um Meile blühende Rhododendren und Feuerazaleen. Rosa und weiß leuchtet der Hartriegel. Blühende Apfelbäume verraten verlassene Siedlungsplätze der Mountain-People, die vor den Härten des winterlichen Gebirges ins Tiefland flohen, viele erst in den dreißiger Jahren, als die Appalachen durch Straßen erschlossen wurden.

Asheville, North Carolina, wollte 1928 das »Miami Beach der Berge« werden. Zehntausend Einwohner zählte die Kleinstadt am Fuß des Blue Ridge, dreißigtausend waren es im Sommer, wenn die Reichen aus dem tiefen Süden zur Sommerfrische kamen. Der Börsenkrach zerstörte die Träume im Kurort. Asheville ächzte unter der höchsten Pro-Kopf-Verschuldung im ganzen Land und hatte sein Schulden erst 1976 abgestottert. Neuer Boom. Diesmal zog die frische Bergluft Frührentner in die Stadt, erfolgreiche Mittelständler, die sich bis anhin meist in Florida niedergelassen hatten. Die City Hall im Art Déco-Stil, die Hotels aus der Zeit des Reichtums wurden renoviert. Ashville putzte sich heraus wie Aschenputtel. Zweiundsechzigtausend Einwohner zählt es heute. An Golfplätzen, Einkaufszentren, Stadtfesten, Fundraising-Parties fehlt es nicht. Asheville besitzt ein Theater, ein eigenes Sinfonieorchester. Ein Fünftel seiner Bewohner sind schwarz, davon lebt ein Drittel unter der Armutsgrenze. Das ist das Doppelte des staatlichen Durchschnitts. Asheville hat dafür hundertachtzig Kirchen.

Der Federschmuck der Cherokee-Indianer als Souvenir

Ein Kohlezug in Charlottesville, Virginia. Der Südwesten Virginias ist geprägt vom Bergbau, der das wirtschaftliche Fortkommen der Region behindert.

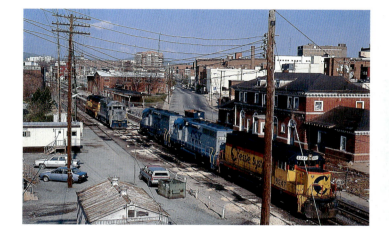

Das Zweigwerk des Chemieriesen DuPont in Belle bei Charleston, West Virginia, ist eines der größten Industriewerke des Staates.

*Seite 115:
Bei Harpers Ferry, West Virginia, überfiel 1859 der fanatische Sklavereigegner John Brown ein Waffenarsenal, um die Sklaven für einen Aufstand zu bewaffnen. Brown wurde hingerichtet – Märtyrer der Abolitionisten.*

Williamsburg, die ehemalige Hauptstadt des Staates Virginia, wurde 1926 mit Spenden von John D. Rockefeller jr. restauriert.

Mitte und rechts: Darstellerinnen und Darsteller in historischen Kostümen führen Lebensweise und Handwerk im alten Williamsburg vor und versetzen die Besucher um 250 Jahre zurück.

Seite 118/119: Thomas Jefferson's Stammkneipe, wie manche Reiseführer meinen, kann die Michie Tavern bei Charlottesville, Virginia, nicht gewesen sein. Das Gasthaus aus dem 18. Jahrhundert wurde 1927 in Charlottesville demontiert und als Museum an der Straße nach Monticello wieder aufgebaut.

Im Miksch Tobacco Shop and Garden in der Tabakstadt Winston-Salem, North Carolina, erklärt Tom Cowan den Besuchern die Kunst der Tabakverarbeitung. Er trägt die historische Tracht der Moravianer, die Salem 1766 gründeten.

In Old Salem, North Carolina, führt ein »Landarbeiter« in historischer Tracht die mühsame Tabakernte vor, bei der die reifen Blätter Stück für Stück von Hand abgetrennt wurden. Die maschinelle Tabakernte setzte sich erst nach 1960 durch.

Viele Mountain Cabins, die typischen Behausungen der Appalachenfarmer, stehen verlassen. Die Kultur der armen Bergbewohner, die bis zum Zweiten Weltkrieg das harte Leben der Pioniere an der »frontier« (der Siedlungsgrenze) führten, stirbt langsam aus.

Vom Newfound Gap blickt man über die endlosen Wälder des Great Smoky Mountain National Parks, in denen Hirsch und Bär leben. Über den Hauptkamm der Appalachen zieht sich von Virginia nach Tennessee der Fernwanderweg »Appalachian Trail« quer durch den Park.

Daten zur Geschichte

1524-27
Der Italiener Giovanni da Verrazano erkundet im Auftrag von König Franz I von Frankreich die amerikanische Ostküste bis nach South Carolina.

1539-43
Der Spanier Hernando de Soto dringt zum Mississippi vor.

Am Memorial Day wird den Gefallenen gedacht.

1607
Die London Company of Virginia gründet die erste ständige Siedlung auf dem Gebiet der heutigen USA, Jamestown. Dies ist die Geburtsstunde der späteren Kronkolonie Virginia (1624).

1619
Die ersten Schwarzen werden nach Jamestown gebracht.

1670
Gründung von Charles Town (Charleston) durch Anthony Ashley Cooper Earl of Shaftesbury.

1682
René Robert Cavelier, Sieur de la Salle, beansprucht das Mississippital für die französische Krone und nennt das Land nach Louis XIV »Louisiana«.

1688
Die Quaker von Pennsylvania erheben Protest gegen die Sklaverei.

1712-55
South Carolina, später Georgia, Florida und die anderen Kolonien im Süden führen Slave Codes (Sklavengesetze) nach dem Vorbild von Barbados ein.

1718
Gründung von New Orleans.

1732
Der Philantrop James Edward Oglethorpe gründet die Kolonie Georgia.

1754-63
England vertreibt Frankreich aus seinen nordamerikanischen Besitzungen östlich des Mississippi. Louisiana fällt an Spanien. Die Akadier (Cajuns), französische Siedler in Nova Scotia, werden deportiert. Zwei Drittel akadischen Bevölkerung sterben. Beginn der akadischen Einwanderung in Louisiana.

1764-74
Zunehmende Spannungen zwischen den dreizehn Kolonien und dem englischen Mutterland. Das britische Parlament erläßt Steuer- und Zollgesetze. Die Kolonien reagieren mit Protest, Aufruhr, Handelsboykott. 1765 beschließen neun Kolonien eine Resolution, in der sie nach dem Grundsatz »No taxation without representation« (Keine Besteuerung ohne Vertretung) dem Parlament das Recht absprechen, Steuergesetze für die Kolonien zu erlassen.

1775
Erste Gefechte zwischen britischen Truppen und den Milizien der Kolonien. 2. Kontinentalkongreß. George Washington, ein Tabakpflanzer aus Virginia, wird Oberbefehlshaber der Kontinentalarmee.

1776
4. Juli: Unabhängigkeitserklärung. Im selben Jahr wird der Import von Sklaven aus Afrika und der Karibik verboten. Das Verbot wird durch Schmuggel umgangen.

1788
George Wasington wird erster Präsident der Vereinigten Staaten.

1793
Die Erfindung der Cotton Gin (Baumwollentkernungsanlage) führt zu einem Baumwollboom im Süden und zu verstärkter Nachfrage nach Sklaven.

1803
»Louisiana Purchase«. Napoleon Bonaparte verkauft die französischen Besitzungen für 15 Millionen Dollar an die USA. Sie umfassen das Gebiet westlich des Mississippi bis zu den Rocky Mountains.

1820
Die Baumwollproduktion hat sich innerhalb von dreißig Jahren auf das Fünfzigfache gesteigert. Baumwolle finanziert die Hälfte der amerikanischen Importe.

1821
»Missouri-Kompromiß«. Das Territory Missouri wird als sklavenhaltender Staat in die Union aufgenommen, zum Ausgleich Maine als sklavenfreier Bundesstaat. Auf dem Gebiet des Louisiana-Purchase entstehende Staaten nördlich einer Linie von 36° 30' sollen sklavenfrei bleiben. Die American Colonization Society kauft in Liberia, Westafrika, Land und gründet die Rückwanderer-Republik Liberia für freie Schwarze.

1831
Der Aufstand des Sklaven Nat Turner in Virginia schürt die Angst der Weißen in den Südstaaten. Die erste Ausgabe der Zeitschrift »The Liberator«, das Organ der Abolitionisten (Sklavereigegner), erscheint.

1833
Die American Antislavery Society wird als zentrale Organisation der Abolitionisten gegründet.

1840
Die Kirchen spalten sich in Nord- und Südkirchen. Damit ist eine starke Klammer zwischen Norden und Süden abgefallen. Seit 1820 sind 60'000 Cherokees, Chickasaws, Creeks und Choctaws aus Georgia, Kentucky, Tennessee, Alabama und Mississippi nach Oklahoma umgesiedelt worden. Ihr Weg, 1600 Kilometer quer durch Georgia, Tennessee und Arkansas, wird »Trail of tears« genannt. Tausende sterben auf dem Marsch, auf den sie oft mitten im Winter gezwungen wurden.

1851
Der Roman »Uncle Tom's Cabin« (Onkel Toms Hütte) von Harriet Beecher Stowe heizt die gesellschaftliche Diskussion um die Sklavenfrage an.

1854-56
In den Territories Kansas und Nebraska kommt es über der Frage, ob die Sklaverei zugelassen werden soll oder nicht, zu bürgerkriegsähnlichen Auseinandersetzungen. Die Demokratische Partei spaltet sich in Nord- und Süddemokraten. Die Südstaaten haben damit keine Möglichkeit mehr, ihrem Standpunkt auf nationaler Ebene zum Durchbruch zu verhelfen. Die nordstaatlerische Republican Party bekommt massenhaften Zulauf.

1859
Der Abolitionist John Brown überfällt das Zeughaus von Harper's Ferry, Virginia, um einen Sklavenaufstand auszulösen. Er wird gefaßt und hingerichtet. Der Abolitionismus hat seinen Märtyrer.

1860
Der Republikaner Abraham Lincoln wird Präsident der Vereinigten Staaten. Mississippi, Florida, Alabama, Georgia, Louisiana und Texas treten aus der Union aus.

Charleston – das Capitol am Ufer des Kanawha River.

Daten zur Geschichte

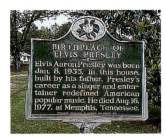

Am 8. Januar 1935 wurde Elvis Presley in Tupelo geboren – eine Gedenktafel in seiner Geburtsstadt erinnert an diesen Tag.

1861
Februar: Gründung der Confederate States of America in Montgomery, Alabama. 12. April: Beschießung von Fort Sumter in der Bucht von Charleston, South Carolina, durch Truppen der Konföderation. Der Bürgerkrieg ist ausgebrochen. Virginia, Arkansas, Tennessee und North Carolina treten der Konföderation bei.

1865
9. April: Der Oberkommandierende der Südstaatenarmee, General Robert E. Lee, kapituliert bei Appomatox, Virginia. 14. April: Abraham Lincoln wird ermordet. 18. Dezember: Im 13. Amendment (Verfassungszusatz) wird das Sklavereiverbot ratifiziert.

1866
Der Ku Klux Klan wird in Pulaski, Tennessee, gegründet.

1868
Scott Joplin, der König des Ragtime, wird geboren.

1877-96
Die militärische Besetzung des Südens endet 1877. Die Errungenschaften der Reconstruction werden schrittweise liquidiert. Mit diskriminierenden Staatsgesetzen (»Jim Crow Laws«, sie werde vom Obersten Gerichtshof geschützt) und Einschüchterung durch den Ku Klux Klan werden die Schwarzen zu Bürgern ohne politische Rechte degradiert.

1897
William Faulkner, Dichter und Nobelpreisträger, wird geboren.

1900
Louis Armstrong, einer der Väter des Jazz, und Margret Mitchell, die Autorin von »Gone with the Wind« (Vom Winde verweht) werden geboren.

1915-20
Der Erste Weltkrieg löst einen regionalen Entwicklungsschub aus. Der Baumwollrüsselkäfer (Boll Weevil) vernichtet die Baumwollproduktion. Massenexodus schwarzer Landarbeiter in den Norden. Die Musik des Südens – Jazz und Blues – verbreitet sich über die Nation. An der Beale Street in Memphis, der Auburn Street in Atlanta, in Harlem, New York, entwickeln sich Zentren des schwarzen Wohlstandes und der schwarzen Kultur.

1927
Verheerende Überschwemmung des Mississippi River. Die Verbauung des Ole Man River beginnt. Die Radio Show Grand Ole Opry in Nashville, Tennessee, erhält ihren unsterblichen Namen.

1932
In Kingsland, Arkansas wird Jonny Cash, der König der Country Music, geboren.

1935
In Tupelo, Mississippi, wird Elvis Aaron Presley geboren.

1936
Der Roman »Vom Winde verweht« erscheint,

1939
kommt die Verfilmung in die Kinos.

1929-40
Die Weltwirtschaftskrise bringt den Süden an den Rand des Ruins. Präsident Franklin D. Roosevelt erklärt den Süden zum »ökonomischen Problem Nummer eins der Nation« und leitet Entwicklungsmaßnahmen ein.

1940-45
Der Süden erlebt im Zweiten Weltkrieg einen Wirtschaftsaufschwung. Die einsetzende Diversifizierung und Mechanisierung der Landwirtschaft löst nach Kriegsende eine zweite Auswanderungswelle aus.

1948
Präsident Harry S. Trumann hebt die Rassentrennung in der US Army auf und erklärt die Gleichstellung der Schwarzen zum nationalen Thema.

1954
Der Oberste Gerichtshof erklärt die Rassentrennung in den Schulen als verfassungswidrig.

1955
Die schwarze Arbeiterin Rosa Parks wird in Montgomery, Alabama, im Bus verhaftet, weil sie sich weigert, ihren Sitzplatz einem Weißen zu überlassen. Martin Luther King jr. organisiert den Montgomery Bus Boycott. Anfang der Bürgerrechtsbewegung.

1956
Präsident Dwight Eisenhower entsendet Bundestruppen nach Arkansas, um für schwarze Schüler den Zutritt zur weißen Central High School in Little Rock zu erzwingen.

1957
Martin Luther King jr. gründet den Southern Christian Leadership Conference, um dem schwarzen Widerstand einen institutionellen Rahmen zu geben.

1960-63
Mit Sit-Ins, Freedom Rides (Busfahrten auf für Weißen reservierten Plätzen), Demonstrationen und Protestmärschen wehren sich schwarze und weiße Bürgerrechtskämpfer gegen die Rassendiskriminierung. Am Marsch auf Washington 1963 nehmen 200.000 Menschen teil.

1962
Oxford, Mississippi. Am 6. Juli stirbt William Faulkner. Am 31. September führt die Immatrikulierung des Schwarzen James Meredith an der Ole Miss, der Staatsuniversität von Mississippi, zu schweren Unruhen, die zwei Menschleben fordern.

1963
Präsident John F. Kennedy, der die Bürgerrechtsbewegung nach einigem Zögern unterstützt hat, wird in Dallas, Texas, ermordet.

1964
Präsident Lyndon B. Johnson setzt Kennedys Civil Rights Act (Verbot der Rassendiskriminierung in öffentlichen Einrichtungen und bei der Anstellung) im Kongreß durch.

1965
Verfassungszusätze, Urteile des Obersten Gerichtshofs und der Voting Rights Act machen der Diskriminierung bei Wahlen ein Ende. Ein Aufschwung des Sunbelt als Wachstumsregion der USA setzt ein und damit die »Amerkanisierung« und Industrialisierung des Südens.

1968
Martin Luther King jr. wird in Memphis, Tennessee, ermordet.

1971
Tod von Louis Armstrong

1973
Tod von Elvis Presley

1977
Mit Jimmy Carter wird zum ersten Mal seit dem Bürgerkrieg ein Südstaatler aus dem tiefen Süden, aus Georgia, Präsident.

1990
Atlanta, Georgia, wird als Austragungsort der Oympischen Sommerspiele 1996 gewählt.

Bei Foley, Alabama.

125

Register

	Textseite	Bildseite
Alexandria, Louisiana	28	
Altus	56	
Appalachen	8, 112f	94, 98, 107, 123
Appomattox, Virginia	109ff	
Arkansas	10, 53, 57	56, 86
Arkansas River	57	
Asheville, North Carolina	113	
Ashley River		84
Atchafalaya, River und Swamp	18f, 28f, 29, 50	48
Atlanta	9, 64, 71, 73f	74, 77, 79, 82, 103f
Avery Island, Louisiana		51
Baltimore	44	
Baton Rouge	26	
Bay St. Louis	72	
Beaufort, South Carolina		88
Belle, Virginia		114
Biloxi, Mississippi	16	68
Birmingham, Alabama		77f
Blue Ridge Parkway	112f	112
Boston Mountains	57	
Breaux Bridge		51
Buffalo River	57	
Camden	57	
Cape Hatteras	113	
Cape Lookout	113	
Chapel Hill, North Carolina	111f	
Charleston, South Carolina	72f, 75	72, 84f, 124
Charlottesville, Virginia		114, 117
Chattahoochee River	73	
Chicago	10, 44	10
Childerburg, Alabama		77
Cocodrie, Louisiana	29	
Dallas, Texas	74	
Danville	112	
DeWitt, Mississippi	56	
Durham, North Carolina	111	
El Dorado	57	
Fargo	72	
Foley, Alabama	125	
Georgia	71ff	74, 87
Glass Rock, North Carolina		112
Golf von Mexico	18	68
Grand Isle	29	
Great Smoky Mountains National Park	112	94, 98, 106, 113, 123
Greensboro		112
Hahnville, Louisiana		26
Harpers Ferry, Virginia		114
Helena, Arkansas	55	
Henderson, Louisiana		50
High Point	112	
Hot Springs, Arkansas	57	57
Hunting Island State Park		72
Huntsville, Alabama	10	10
James River, Virginia	112	110
Lake Charles, Louisiana	28	21
Lake Pontchartrain	72	
Louisiana	25f, 28	15, 31, 39
Lynchburg, Virginia	110, 112	
Memphis, Tennessee	9, 74, 96f	9, 95ff, 100, 103f
Mississippi, Stadt	9, 53	
Mississippi, Delta	10, 29, 55ff	10, 48, 57
Mississippi, River	18, 19, 26f, 44, 96	26, 34, 39, 68f, 98
Mississippi, Staat	10, 55, 96	68, 86
Missouri, River	18	
Mobile Bay	72	91
Mobile, Alabama	73, 76	86, 88
Montgomery, Alabama		85
Monticello, Virginia	111f	117
Mountainview	56	
Mud Island, Mississippi		96
NASA Space and Rocket Center s. Huntsville	10	10
Nashville, Tennessee	10, 93ff, 96	100, 102, 104
Natchez, Mississippi		56, 61, 68
Natural Bridge Village	112	
New Orleans	10, 19, 25 ff, 44, 72	10, 22f, 27f, 32ff, 57
Newfound Gap		123
Norfolk	113	
North Carolina	11, 111f	
Ohio, River	18	
Okefenokee Swamp	72	72, 87
Old Salem, North Carolina		54, 121
Ouachita Mountains	57	
Oxford, Mississippi	54	54f
Ozarkgebirge	56, 57	
Pascagoula River	72	
Piedmont	112	
Port Fourchon	29	
Port Gibson, Mississippi		62
Raleigh, North Carolina	111	
Rich, Mississippi	55	
Richmond, Virginia	110, 113	
Savannah, Georgia	72f	73
Sea Islands, South Carolina	73	89
Selma, Alabama		76, 85
Shenandoa Nationalpark	112	
Skyline Drive	112	
South Carolina	71	
St. Francisville, Louisiana		27
St. Louis	18, 44	
Stone Mountain bei Atlanta		12
Stuttgart, Mississippi	56	
Tennessee	112	123
Tensaw River	72	
Tupelo, Mississippi	54	125
Tuscaloosa, Alabama	11	
Ulm, Mississippi	56	
Vicksburg, Mississippi		54, 57
Virginia, Staat	111f	123
Washington	44	
Waynesboro	112	
White River	56	
Wiederkehr Village	56	
Williamsburg, Virginia		116f
Winston-Salem, North Carolina	112	110, 120

Karte

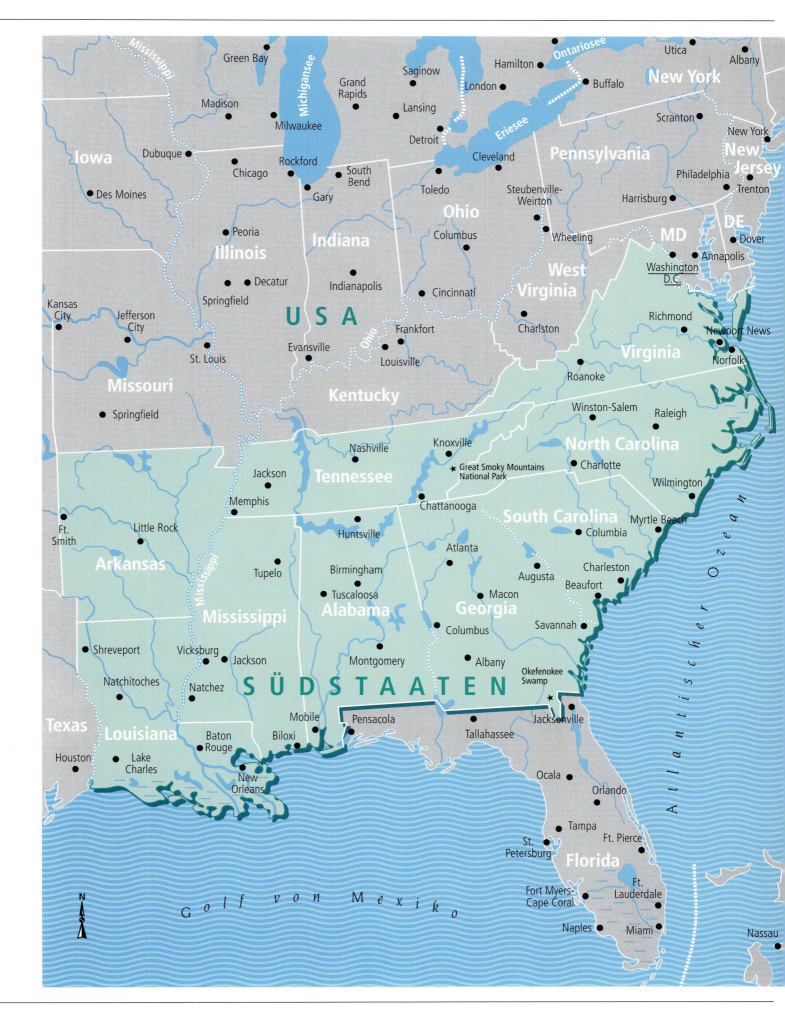

Impressum

LOOK – Die Bildagentur der Fotografen
ist ein Zusammenschluß von derzeit 20 renommierten
Fotografen. Erst vor wenigen Jahren gegründet, zählt die
Fotografengemeinschaft aufgrund ihres anspruchsvollen
Bildangebotes mittlerweile zu einer der führenden
Agenturen in Deutschland.
So vielseitig wie die Fotografen sind auch ihre Themen
(Reise, Sport, Wildlife, Reportage, Mode, etc.) und deren
fotografische Umsetzung.

Die an der **LOOK/Stürtz-Bildbandreihe** beteiligten
Fotografen zählen zu den besten in ihrem Metier.
Lange Reisen in die jeweiligen Länder oder Städte sind
Garant für stimmungsvolle Landschafts- und Architektur-
aufnahmen und bieten einen umfassenden Einblick in
die kulturellen Besonderheiten.

LOOK – Die Bildagentur der Fotografen
Kapuziner Str. 9

Bildnachweis
Archiv für Kunst und Geschichte, Berlin:
S. 18 unten, S. 18 oben, S. 19 oben, S. 19 unten,
S. 44 alle Abbildungen, S. 45 rechts oben, S. 45 unten,
S. 64/65 alle Abbildungen, Hintergrundbild

Buchgestaltung
Matthias Kneusslin, hoyerdesign, Freiburg

Karte
grafis, Dortmund

Die Deutsche Bibliothek - CIP-Einheitsaufnahme

USA - Südstaaten / Look GmbH. Marc Valance. - Würzburg :
Stürtz, 1996
ISBN 3-8003-0722-7
NE: Valance, Marc; Look GmbH <München>

Alle Rechte vorbehalten

© 1996 Stürtz Verlag GmbH, Würzburg
© Fotos: Agentur LOOK, München

Repro: Rete GmbH, Freiburg
Druck und Verarbeitung:
Universitätsdruckerei H. Stürtz AG, Würzburg

ISBN 3-8003-0722-7